北京建筑大学北京高校高精尖学科（建筑学）建设项目

| 光明社科文库 |

解惑青年成长
——读《论语》 悟生涯

王秉楠◎著

光明日报出版社

图书在版编目（CIP）数据

解惑青年成长：读《论语》悟生涯 / 王秉楠著 . --

北京：光明日报出版社，2022.6

ISBN 978 - 7 - 5194 - 6674 - 9

Ⅰ . ①解… Ⅱ . ①王… Ⅲ . ①《论语》—研究 Ⅳ .

①B222. 25

中国版本图书馆 CIP 数据核字（2022）第 107475 号

解惑青年成长 : 读《论语》悟生涯

JIEHUO QINGNIAN CHENGZHANG：DU《LUNYU》WU SHENGYA

著　　者：王秉楠

责任编辑：郭玫君　　　　　　　责任校对：周建云

封面设计：中联华文　　　　　　责任印制：曹　净

出版发行：光明日报出版社

地　　址：北京市西城区永安路 106 号，100050

电　　话：010 - 63169890（咨询），010 - 63131930（邮购）

传　　真：010 - 63131930

网　　址：http : // book. gmw. cn

E - mail：gmrbcbs@ gmw. cn

法律顾问：北京市兰台律师事务所龚柳方律师

印　　刷：三河市华东印刷有限公司

装　　订：三河市华东印刷有限公司

本书如有破损、缺页、装订错误，请与本社联系调换，电话：010-63131930

开　　本：170mm×240mm

字　　数：165 千字　　　　　　印　　张：14. 5

版　　次：2023 年 1 月第 1 版　　印　　次：2023 年 1 月第 1 次印刷

书　　号：ISBN 978 - 7 - 5194 - 6674 - 9

定　　价：95. 00 元

推荐序 1：与青年人共成长

自本月初收到秉楠新书《解惑青年成长——读〈论语〉悟生涯》书稿后即认真拜读，历时近一个月，又同他仔细核校和研讨。一部书是多年积累并用心打造出来的，总是希望能够更好些。

我受邀作之为序起先很兴奋，但读完其书稿后又十分惶恐。此书虽非鸿篇巨制，然亦是其心血凝结而成，其重视程度和期望值可见一斑。

读其书，得见以下三个特点：

第一，传授知识。该书是结合其职业生涯教学活动的积累而进行的重新认识、重新思考。职业生涯教育是在西方最早兴起的一门历史不长的学科，20 世纪 80 年代在我国开始兴起，但影响力并不是大众的。客观原因是国人对其认识不足；主观原因是其理论和知识点多源于西方社会，并非中国本土化，天然与国人有隔阂。秉楠结合多年的教学积累，尝试用中国传统文化来诠释职业生涯的基本知识，并在该书体例上将一名青年人的普遍认知一步步地分解开，由浅入深进行讲解，让更多的青年人能够用习惯的知识点、思考方式、价值观来理解职业生涯的知识、理论和对未来的期许，可以说是教学上的一项改革。

第二，传播思想。教书育人是教师的天职，立德树人是教育的目标。作为一名教师，育人比传授知识更重要，但是思想工作如何去做，其方法应该是润物无声的沁润式教学会更有效。现在一直在强调要加强青年人的思想政治教育，用中国优秀的传统文化来引导青年人树立正确的价值观，从而能更加深刻而牢固地树立并践行社会主义的核心价值观。秉楠在书中就有机地将《论语》中的优秀文化融入知识体系中，在传授专业知识的同时巧妙地传播了思想，让学生真正实现知识与思想的双丰收。

第三，传导方法。教师传授学生知识，不如教会学生获取知识的方法，这就是"授人以鱼和授人以渔"的关系。该书中没有明确列出具体方法，但是我们可以从书中看到秉楠是如何学习的。当然学习的方法是多样的，可是读书应该是最重要、最基本的方法之一。从其书中我总结出读书可以归结为以下三点：首先，书是对过去已经知道的知识学问和经验的一种记录，我们读书便是接受着人类的遗产；其次，为要读书而读书，读了书便可以多读书，便可以开阔眼界，启迪思想；最后，读书可以帮助我们解决困难、应对环境，并成为获得思想材料的来源。读书，是成本最低的投资，能让我们的思想和认识上升一个层次，眼界不一样了，格局不一样了，所处的高度自然不一样了。

作为一名教师就是要通过"传道授业解惑"来成就青年人，使其实现其人生价值。而作为一名教师亦需要实现最大的人生价值，那就是要同青年人共成长，在有效而可能的时空中努力探索，不断进步。向着实现更高的人生价值而奋斗，即实现人生的三不朽——立德、立功、立言。

——何立新

北京建筑大学

建筑与城市规划学院党委书记

2021 年 8 月

推荐序 2：
用《论语》智慧之光，指引生涯之路

作为一名写过五本书的作者，翻译过五本书的译者，我经常给其他作者的新书写序。

每次都是一挥而就，从来没有这次这样战战兢兢如履薄冰。

因为秉楠这本书，是和《论语》有关的。

为此，我从书架上抽出《论语》翻阅了一遍，还找出南怀瑾先生的《论语别裁》浏览了一下。

哈哈哈。

咱们中国文化博大精深，成体系又相互交融的，有儒释道三家。

对我们普通人来说，最好的借鉴意义是：

以佛治心；

以道治身；

以儒治业。

秉楠真的很了不起，他恰恰选择了《论语》这本儒家代表作，来谈业，也就是他所说的生涯。

这本书最大的特点，是创新与融合。

生涯的概念，起源于国外。这些年我接触过很多讲生涯的老师，以及做生涯辅导的咨询师。绝大部分，都是照搬西方的理论和工具，来指导咱们中国人的职业。

太阳底下没有新鲜事儿，外国人思考过的问题，咱们中国人也思考过了啊，只是表达的方式不同而已。

秉楠恰恰就将西方的生涯理念，与东方的儒家文化，做了对照和融合。

比如，将孔子的"吾十有五而志于学，三十而立，四十而不惑，五十而知天命……"和舒伯的生涯发展规律，"成长期、探索期、建立期、维持期……"做了对照；

再比如，生涯领域有个著名的游戏"生涯幻游"，带学员畅想愿景，思索未来想活成什么样子。秉楠结合了孔子的"三军可夺帅也，匹夫不可夺志也"，来澄清志向和目标的重要性。

类似的对照和融合，在他的书里，不胜枚举。

能够将西方理论与中国文化，融合得如此贴切的，在我目光所及之处，秉楠是第一人。

这是书籍给我的感觉，再聊聊作者。

认识秉楠有六七年了，作为一名大学老师，他和其他老师最大的区别，是不断在拓展自己的边界。

我的学生里，有很多大学生涯老师，包括辅导员。大部分的研究领域，局限于象牙塔那一亩三分地儿，接触的都是学生。

而现实情况是，生涯这个主题，不仅仅是大学四年的事儿。更确切地说，大学四年仅仅是生涯很短暂的阶段，生涯，乃一生之事。

秉楠就突破了高校围墙的限制，不断扩展自己的视野，正如庄子所言，吾生也有涯，而知也无涯。

他经常和校外的专家学习和切磋，接触各个领域的先进知识，来武装自己的生涯弹药库。

他研究和辅导的对象，也从学生，拓展到越来越多的职场人士。职场，生活，这才是知识和工具的练兵场。秉楠的分享和辅导，帮助职场人士内心更笃定地直面问题，在平淡庸俗的世界里，更加幸福和快乐。

《论语》出现至今，2000年有余。

里面难免有些内容，不合时宜。比如，儒家所倡导的君为臣纲、父为子纲，等等。

小的时候，我家有五个孩子。在饭桌上，生活中，我父亲是绝对的权威，说一不二，五个子女谁都不敢顶撞他，连辩论都不行。

而现在，在晚饭桌上，我13岁的女儿，可以就一个话题，和我针尖麦芒你来我往争论不休。

每每这时候，我75岁的老父亲，都听不下去，经常筷子一拍，离案而起，拂袖而去。他理解和接受不了，一个女儿，怎么可以和自己的父亲这样平等对话和争论。

而我，觉得毫无问题，并且乐在其中。

哈哈哈。

生涯，乃应变之学。

希望借着秉楠这本书，读者朋友们汲取《论语》的精髓，立身、明志、修德。用永恒不变的精神内核，应对瞬息万变的世界。

让《论语》的智慧之光，指引我们生涯之路。

——王鹏程

著名培训师 畅销书作家

2021 年 10 月

推荐序 3：让燃烧的青春化作长长久久的动力

从大学到初入职场的这个阶段是我们学习专业知识的重要阶段，那些宝贵的学习经历带给我们的是在未来职场上拼杀的"才艺"，成为我们存储专业知识的第一间"银行"。同时，我还想要告诉大家的是，从大学到初入职场的这个阶段也是青年人确立人生观、世界观的重要阶段，在这个时期更为重要的，不是学到了多少专业知识的"才艺"，而是树立正确的人生观，布局好未来几十年人生发展的规划。选好发展方向，才是未来人生逐步走向成功最重要的"核心要素"。

《解惑青年成长——读〈论语〉悟生涯》是一本很有含金量的书。它是我的朋友王秉楠通过其 15 年致力于辅导青年生涯成长的积累与思考，赋予当代青年人思想武器的力作。我与北京建筑大学建筑与城市规划学院的秉楠书记结识，是在 5 年前我们班筹建的"建 90 奖学金"颁奖仪式上。"建 90 奖学金"是一份公益事业，旨在鼓励学校的师弟师妹们努力学习设计知识，成为未来建设祖国的栋梁。秉楠书记一直很关心公益，关心大学生的成长。他是一个外表儒雅、热情、有活力的学院副书记，对学生很有亲和力。平日里，大家有难处、心里有解不开的疑问，都会找到秉楠书记谈心，找他答疑解惑。对既往已毕业的学生们的情况，秉楠书记也时常会跟踪和了解，帮助和指导了很多青年人解决社会和生活中的诸多疑虑与困惑，制定未来怎样规划自己的人生之路。

拿到这本书的初稿已是 2021 年国庆长假，很多国人都去电影院观赏了影片《长津湖》。这部影片连破 10 多项中国电影纪录，值得注意的是青年人成了这部爱国主义主旋律影片的观影中坚力量。很多人不禁感慨，在那个新中国刚刚诞生的年代，面对一穷二白的国力，无数爱国热血青年，为了保卫祖国、保卫和平走上战场，不怕流血牺牲，不畏在物质和军事科技都远远强大于我们的侵略者，最终靠着拼死一战的决心和勇气赶走了敌人。当看到 19 岁的"伍万里"从开始为了让自己的哥哥"伍千里"能看得起自己而走上朝鲜战场，到他看到自己的同伴被美国飞机炸得四分五裂、为救哥哥第一次开枪杀敌，再到后来他看到师傅"雷公"为救战友引开敌机被炸得血肉模糊，终于明白了做"英雄"真正的意义。他要担当起保卫祖国和平的大义，而不是成为一个个人英雄。"伍万里"的成长经过了战争的历练，处于和平年代的我们，在人生前半段的青年时代，树立正确的人生观和远大的理想，将是我们今后遇到任何困难和挫折，永不言弃的强大动力！

秉楠书记十分重视帮助学生在青年时代就做好人生规划，树立远大理想。在与青年人的交往中，他将中华文化的精髓用通俗易懂的方式讲给大家听，让人更容易理解和接受他的观念。在这本书中大量引用了《论语》里面的名篇名句，用以激励和指导青年学子怎样布局自己的人生，顺应国家的需要和时代的发展。这就好似电影《长津湖》，一方面是爱国主义的主旋律，另一方面是现代高科技和宏大主战场面的大成本制作，还有当红流量明星、导演的大批量加盟，将传统的说教式教育化为强烈的视觉体验，让受教育者自己悟出其中的意义。

《论语》是中华文化的瑰宝。2500 年前，孔子教导弟子的话语被记录下来，它不断被历朝历代引用，指导中华文明发展至今。孔子的一生遭遇了很多磨难，但他依然坚持不懈，传道授业解惑，他本身就是一个我们大家学习的榜样。

子曰："吾十有五而志于学，三十而立，四十而不惑，五十而知天命，六十而耳顺，七十而从心所欲，不逾矩。"孔子自述其人生各个阶段的不同境遇：他十五岁立志于钻研学问，三十岁在社会上找到自己的位置，四十岁在纷繁的世界有了自己独立的主张，五十岁明白了天道轮回的规律心生敬畏，六十岁听闻逆耳之言心态平和，七十岁可以随遇而安却仍然要遵守规矩。像这样精辟的人生发展经历，为我们的人生谋篇布局提供了有用的哲学道理。秉楠书记愿意把对它们的感悟分享给在求学、初入职场期间对未来一脸迷茫的年轻人，送给他们一把称手的思想兵器，树立远大的理想和抱负，而不仅仅在选择工作时苟且于眼前的舒适生活和金钱诱惑，更不会为将来工作中形形色色的琐事和困难所累。

秉楠书记在对青年人的循循善诱和开导中，引用了很多发生在他和自己带过的学生间的鲜活实例，让每个和他谈理想与现实的人都能信服。2017 年，我在自己开办的新浪微博"每筑建文"账号上发表了秉楠书记写的关于土木专业毕业生职场成长经历的八篇采访稿，当时在网络上引起了大家热烈的讨论，总计阅读量近 90 万人次。其中坚守海外工程的杜振振、在央企施工一线基层认真恪守的段星宇，都成为感动大家的青年榜样。在秉楠书记的新书中，他引用了《论语》里面孔子讲过的话，针对有人在成长中关于提升品德修养和学习各类知识技能两者之间如何排序的问题，给大家具体做出了很好的分析：

子曰："弟子，入则孝，出则悌，谨而言，泛爱众，而亲仁。行有余力，则以学文。"孔子告诉年轻人，应做到在家孝顺父母，出门尊敬兄长，做事严谨守信，待人广泛有爱，亲近有仁德的人。做到这些后，如果还有余力，再继续学习其他知识。

他强调了以德为本，以德为先的道理。有时候我们会认为，只要把知识学好、有了一技之长就能有更好的个人发展。其实在生活和工作中，如果没有注意品德的修养，没有爱国情怀，没有高远的志向，个人发展的道路就很容易走偏。反观身边有所成就的人，无不是将个人的命运融入国家发展进步的潮流里面，个人在时代的推动下才能取得成绩。我们敬佩的那些当代民族英雄，在平日里看似平凡的工作中几十年如一日的坚持——相信农业救国的袁隆平、坚持自主研发的华为任正非、新冠疫情挺身而出的钟南山……在中国还是发展中国家的时候，远远超越了技术的，是他们高尚的职业品德，也成就了他们带领中国人民走出艰难时刻的英雄形象！

今天，当我读到秉楠书记寄给我的这本新书的时候，我感到非常欣喜。这是一本当下青年们急需的思想和哲学书籍，它深入浅出，娓娓道来。感谢秉楠书记15年来对中国大学生及职场新人生涯教育的倾力投入、大量的实地采访、大量的一手数据的整理和分类。书中的案例结合了中国建筑行业发展情况的实践，结合了中国文化的精髓，用《论语》中的东方智慧指导青年们展开自己未来的人生。

祝愿秉楠书记在生涯规划的路上越走越好，也祝愿对明天心存希望的青年们早日找到你们梦想的大门。

　　请记住，人生如长跑，在青年阶段一定要找对方向，选择大于努力！

——赵敏

北京中联环工程股份有限公司总建筑师

中国建筑学会资深会员

中国建筑学会文化学术委员会理事

2021 年 10 月

自　序

　　生涯教育是 1971 年由美国联邦提出，并以此作为全美中学之教育主轴且由各邦自行发展。20 世纪 80 年代期间，生涯教育不再是以过去的职业辅导为主，而是开始以生涯发展辅导为主流，也不再是仅仅给青年人指出一条明确的职业路径而主要是帮助青年人形成对个人生涯发展的责任意识，对自我有比较客观准确的了解，掌握生涯发展中自我认知、科学决策的基本方法和步骤，学习应对变化是人生常态的方法。

　　目前生涯教育在我国仍处于起步阶段和发展阶段。2000 年后，高等学校普遍将生涯教育类课程列为必修课程或选修课程，高校生涯教育课程基本按照生涯认知、生涯探索、生涯定向、生涯准备、生涯熟练等步骤，逐一开展。近年来，一些针对青少年的生涯探索也逐步展开，尤其是很多的企业与家长在生涯教育理念的指导下，帮助高三学生填报高考志愿，生涯教育也逐渐延伸到大学前期及大学毕业后的职场中。鉴于生涯教育最初是在外国文化基础上发展起来的这一历史背景，在倡导文化自信的今天，如何将生涯教育本土化，或者说以中华优秀传统文化为理论支撑来推进生涯教育，近年来一直是生涯教育面临的重要课题。

实际上，中华优秀传统文化中很早就有对生涯的感悟和思考，"吾生也有涯，而知也无涯""生涯本慢慢，神理暂超超"等，这些经典词句，在各个年代提醒中华儿女珍惜此生，立志以修身、齐家、治国、平天下为己任。而我们所应该做的，就是要在归纳、统合的基础上，应用中华优秀传统文化中蕴含的智慧，变无形为有形，来指导我们青年人的生涯发展。

因为文化背景的差异，中西方生涯教育的基础也有所不同。西方生涯教育其研究背景多以工业革命以后的社会形态为基础，我国生涯教育则以几千年中华优秀传统文化为基础；西方生涯教育从职业教育、人与职业的匹配逐步向生涯教育、自我实现拓展，而我国生涯教育则从一开始便立足于人的整个生涯，并以修身立德为重点。

通过分析可以知道，我们的生涯文化历史更悠久、根基更深厚。在 2021 年全国两会上，习近平总书记饱含深情地说，"70 后、80后、90 后、00 后，他们走出去看世界之前，中国已经可以平视这个世界了，也不像我们当年那么'土'了……"让我们的青年未来更加自信靠的是什么？理应是中华优秀传统文化，而深入挖掘传统文化中的生涯教育理论及工具，想必定能指引文化强国环境下的青年发展。

青年代表着祖国的未来，建设文化强国，他们肩负的责任使命也最重要。因此，有针对性地培养他们在中国传统文化视域下的职业观，是最重要的机遇期。用中国传统文化来引领我们的生涯教育，有很多的益处：在面对成长之路的迷茫时，可以用"路虽弥，不行不至；事虽小，不做不成"来鼓励自己前行；在确立个人奋斗目标时，可以用"非淡泊无以明志，非宁静无以致远"帮助自己坚定信念；在与人交往时，可以用"三人行，必有我师焉"来提醒自己多向身边人学习；在看待财富地位等外在价值时，可以用"不义而富且贵，于我如浮云"来告诫自己遵守法规道义。中华优秀传统文化如皓月明灯，帮助青年人树立正确价值观，解决青年人遇到的成长困境，指引青年人在成才的道路上坚定前行。

古有"半部《论语》治天下"之说，无论对于青年人的教育，还是对其自身成长的需求来说，《论语》在给我们带来很多智慧、能更好理解生涯教育理论的同时，还能推动我们树立远大志向并采取积极行动。这就是本书之所以选择《论语》来探索青年人生涯教育的原因所在。

第一，《论语》引领生涯教育，更能获得青年人的情感认同、价值认同。在信息多元、需求多元、选择多元的今天，如何保持清醒的头脑，培养自己的价值观，选择坚定的价值取向和发展方向就变得非常重要。在《论语》中，有很多旨在教授人们做人做事的道理的经典论述，从我们的启蒙教育开始就已经融入每个中国人的知识体系和价值体系中，并在日常学习、工作、生活里不断实践。像"三十而立""无欲则刚""己所不欲勿施于人"，这些优秀传统文化是被广泛认同的人生道路的基石。

第二，《论语》强调的立德修身，是职场发展最重要的根基。在职场中待得越久，越能体会到利他、积极、向善等品德的重要性。

《论语》推崇修德，强调"君子务本，本立而道生""父母之年，不可不知也"，都非常符合国情社情，既在教学中自然地将立德树人的根本任务、社会主义核心价值观教育融入生涯教育课程里，又能指导青年人将个人发展与国家需求、家庭需求紧密融合。

第三，《论语》能让人目标积极且志向远大。生涯教育的目的不只是让青年人学习如何选择自己未来的职业，还要思考人生的奋斗目标。《论语》中传递的"士不可以不弘毅，任重而道远。仁以为己任，不亦重乎？死而后已，不亦远乎？"的理想抱负，号召一代代仁人志士"先天下之忧而忧、后天下之乐而乐"，也是在鼓励当代青年人以他们为榜样，肩负时代使命。

第四，《论语》为我们在为人处世和做学问方面提供了很多行之有效的方法，这些方法既能推动我们采取行动，又能为我们的生涯发展解惑。《论语》中"学而不思则罔、思而不学则殆""温故而知新""学而时习之""知之为知之""工欲善其事，必先利其器"等很多针对学习、生活的具体指导，都能帮助青年人解答生涯发展困惑、积极开展行动探索。

在高校生涯教育一线工作的 15 年间，笔者一直在尝试运用所学、所悟帮助青年人解开生涯发展中的困惑，助力他们努力奋斗、实现人生理想。在这个过程中，笔者发现用融入国人血液中的《论语》所展现的博大思想与现代生涯教育中的相关技术相结合之后，在授课、一对一辅导等方面都能更好地帮助青年人答疑解惑。

希望本书的学习分享，能够为生涯教育的本土化研究、高校生涯教育课程思政教育研究做一点贡献。希望本书提供的将中华优秀传统文化和现代生涯教育知识相结合的方法，能助力每个人的成长，收获幸福人生。也希望读者能通过本书的讲解，运用《论语》解答一些自身生涯发展中的困惑，发现更多学习中华优秀传统文化的乐趣，一起学习中华优秀传统文化，一起弘扬中华优秀传统文化。

在撰写本书的过程中，笔者自知对《论语》的理解、对生涯教育的理解还很浅显，书中必然会有很多纰漏，望大家多提宝贵意见。

王秉楠

2021 年 8 月

目 录
CONTENTS

第一章　如何应对成长迷茫 …………………………………… 1

　第一节　给奔跑的自己定个参照坐标 ………………………… 3

　第二节　描绘人生愿景，挖掘内心动力 ……………………… 11

　第三节　目标越长远，动力越持久 …………………………… 17

　第四节　把每一天当作梦想的练习 …………………………… 24

第二章　不该忽视的日常小事 ………………………………… 33

　第五节　人人都会的小事也要认真学 ………………………… 35

　第六节　别让父母成为最熟悉的陌生人 ……………………… 41

　第七节　面试迟到就能丢了工作机会 ………………………… 46

　第八节　当"老好人"不等于有好人缘 ……………………… 52

　第九节　领导者最应具备的能力 ……………………………… 58

第三章　如何排解学习苦闷 ·················· 63

　第十节　应对考试的学习不叫学习 ·················· 65

　第十一节　死记硬背不叫学 ·················· 71

　第十二节　多思无益 ·················· 78

　第十三节　培养兴趣是一种能力 ·················· 83

　第十四节　不给能力提升设障 ·················· 91

　第十五节　身边的人皆可为师 ·················· 98

　第十六节　不做无秀之苗，不成无实之秀 ·················· 105

　第十七节　做事缺乏恒心的原因 ·················· 112

第四章　如何把握交往智慧 ·················· 121

　第十八节　靠行动让他人信服 ·················· 123

　第十九节　不义之富皆浮云 ·················· 130

　第二十节　尊重让友谊更长久 ·················· 138

　第二十一节　和什么样的人交朋友？ ·················· 146

　第二十二节　从三个维度观察人 ·················· 153

　第二十三节　能保证不做"小人"吗？ ·················· 158

第五章　如何看待过往得失 ·················· 167

　第二十四节　通过反思不断认知自我 ·················· 169

　第二十五节　以他人言行为标尺督促自身成长 ·················· 175

第二十六节　不愿改正的过错才是过错……………………181

第二十七节　将主动权把握在自己手中……………………188

第二十八节　别用未来给过去买单……………………194

参考文献……………………200

第一章

如何应对成长迷茫

子曰：“吾十有五而志于学，三十而立，四十而不惑，五十而知天命，六十而耳顺，七十而从心所欲，不逾矩。”

孔子曰：“君子有三戒：少之时，血气未定，戒之在色；及其壮也，血气方刚，戒之在斗；及其老也，血气既衰，戒之在得。”

第一节　给奔跑的自己定个参照坐标

当今国家的发展，为青年人成长创造了广阔平台，我们可以不用遵循固化的职业路径，自由领略多样的人生风景。在朝着自己想要的生活奔跑的过程中，我们也会遇到不知前路在何方的烦恼。给奔跑的自己定个参照坐标，不是让我们必须走被规划好的路，而是通过和参照坐标的比较，知道自己前行到了什么位置，看看是否需要做哪些方面的调整。

大学毕业 8 年的小杨，今年 30 岁了。在与我聊着他的近况时，突然微微紧了紧眉头，一脸严肃地对我说：“王老师，我这段时间很认真地在回顾自己大学毕业后的经历，比如，调整工作岗位、升职；结婚、生子；买房子等，我发现当'30岁'这个字眼出现在脑海里时，就不由得想盘点一下。"

"嗯，我想你不光会盘点，还会去比较，看看同样是30岁，别人都是啥样？"我回复说。

"确实是，确实是。"小杨偷笑着说，"我就是这样。和同学比比，也回忆着你带我们时也就30岁左右，对比你那时候的样子。"

"其实你这种情况很正常。人们在社会中生活，生涯发展是有一定规律的，就好像有个无形的标尺一样。到了一个人生节点时，我们可以跳出来，总览一下人生发展的规律，审视当下自己所处的位置，帮助自己制定下一步的发展目标。"我回复说。

不知道大家是否也有这样的体会：

当看到一些"30岁前应该注意的事""35岁不想失业就要关注这些"的推文时，就特想对比着自己在共同的时间节点上，去找寻一个参照坐标来评估个人的人生发展，并为下一阶段的自己做规划。

人生一世，都会遵守出生、长大、成年、衰老的自然规律，所以我们就会在不同的人生节点处，寻找参照坐标，看看自身的得与失；同时，也会参照着生涯发展的规律，为自己下一个人生节点制定目标。

有没有一个得到共识的生涯发展规律供我们参考，可以作为每个人成长的参照坐标，找到发展方向、制定成长目标呢？《论语》中的这段话有我们要找的答案：

子曰："吾十有五而志于学，三十而立，四十而不惑，五十而知天命，六十而耳顺，七十而从心所欲，不逾矩。"

孔子说："我十五岁，有志于学问；三十岁，已经在社会上找到了自己的位置；四十岁，对纷繁的事物都有了自己的主见；五十岁，认识了天道运行的规律而心生敬畏；六十岁，已经可以听逆耳之言而心态平和；七十岁，已经可以随遇而安，随心所欲，却能不超越道德和法律规矩。"

这段话是孔子自述其人生各个阶段的不同境遇，同时，他通过自述立志、立身、求道的经历，来为人们讲述生涯各个阶段都有其不同的使命。虽然这是孔子自己的人生历程，但对于所有人的生涯发展都能起到借鉴作用。我们可以以孔子不同人生阶段的感悟作为自身的目标，来规划生涯发展。

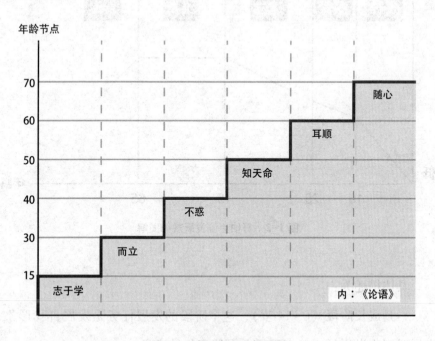

图 1-1　生涯参照坐标图解

"三十而立""四十而不惑",每当我们即将 30 岁或 40 岁的时候,都会自觉地用这些话为目标来衡量自己的生涯发展。30 岁,自己是否能立足于社会? 40 岁,自己是否已经对周围的事物有了主见?《论语》中的这段话成为每个人生涯发展所遵循的一般规律,并为我们在不同的阶段确立了共性的生涯发展任务。

在生涯教育理论中,也对生涯发展规律进行了探究。

美国著名生涯教育学者唐纳德·E. 舒伯在 1953 年提出"舒伯生涯发展理论",讲述生涯发展的规律。他将人类的职业生涯发展阶段分为成长、探索、建立、维持与衰退五个阶段,并为每个阶段划定了年龄范围、确立了生涯发展目标。

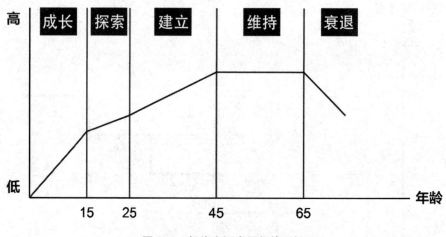

图 1-2　舒伯生涯发展规律图解

具体描述为:

一是成长阶段(0~14 岁),这个阶段的发展任务是发展自我形象,发展对工作世界的正确态度,并了解工作的意义。

二是探索阶段（15~24岁），这个阶段的发展任务是使职业偏好逐渐具体化、特定化，并实现职业偏好。

三是建立阶段（25~44岁），这个阶段的发展任务是统整、稳固并求上进。

四是维持阶段（45~65岁），这个阶段的发展任务是维持既有的成就与地位。

五是衰退阶段（65岁以上），这个阶段往往会注重发展新的角色，寻求不同方式以替代和满足需求。

"舒伯生涯发展理论"通过对不同阶段的具体发展任务或角色划分，帮助人们更好地思考生涯发展之路。人们在每个阶段都有一些特定的发展任务需要完成，而且前一阶段发展任务的达成与否关系到后一阶段的发展。对比《论语》和"舒伯生涯发展理论"，从古至今、从中到西，人们都在归纳随年龄增长的生涯发展规律，并提出可供个体成长参照的目标。

与《论语》一样，人们同样可以通过"舒伯生涯发展理论"对于不同阶段的描述来指导自己的生涯发展，依照每个阶段的不同目标来为自己的生涯发展建立目标，使其起到指导人们规划自己生涯的作用。

不同的是，《论语》中的内容以自身的立身、明志、修德为主线，所提出的生涯发展目标都是围绕提升自身修养的内在发展目标。而"舒伯生涯发展理论"则是以职业为参照，帮助人们确立自身职业发展的外在发展目标。

我们可以结合《论语》与"舒伯生涯发展理论"，从对内提高自身修养和对外规划职业发展两个角度，为自身成长的不同阶段提出目标，

年龄节点

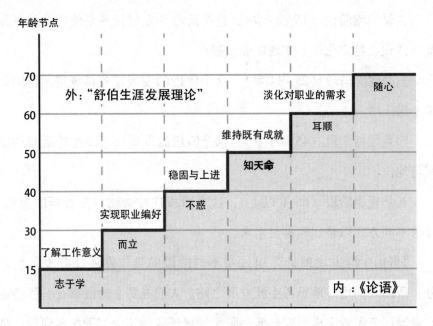

图1-3　《论语》与《舒博生涯发展理论》对比分析1

为自己的生涯发展提供参照。

　　同时，我们也可以看出，"舒伯生涯发展理论"的发展目标是针对职业发展提出的，而《论语》中讲到的"三十而立""四十而不惑""五十而知天命"等生涯发展目标，则更广泛且涉及整个生涯的范畴。

图1-4　《论语》与"舒伯生涯发展理论"对比分析2

在学习生涯发展一般规律的过程中，除了掌握上面提到的可以努力争取实现的内在成长和外在成长目标，还需要提早了解并注意一些有可能发生的共性问题，需要我们规避风险，引以为戒。

我们看看《论语》中提到的"君子三戒"能带来什么启示。

孔子曰："君子有三戒：少之时，血气未定，戒之在色；及其壮也，血气方刚，戒之在斗；及其老也，血气既衰，戒之在得。"

孔子说，"君子有三种事情应引以为戒：年少的时候，血气还不成熟，要戒除对万事万物的诱惑；等到身体成熟了，血气方刚，要戒除与人争斗；等到老年，血气已经衰弱了，要戒除贪得无厌。"

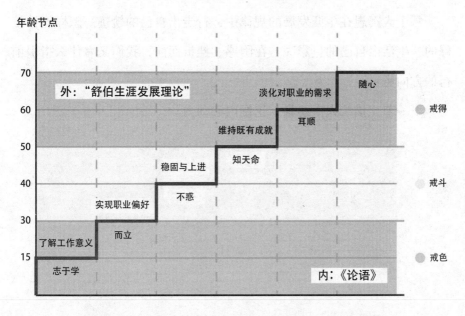

图1-5 《论语》与"舒伯生涯发展理论"对比分析3

戒诱惑、戒争斗、戒得失，孔子指出了人们在少、壮、老三个不同阶段最需要注意提醒自己的地方：年少时，要经得住小恩小惠的诱惑，树立远大志向，成就大事业；壮年时，要懂得理性思考和管理情绪，靠最少的代价换取自己需要的成果；老年时，要懂得享受生活的馈赠，放下心中过多的欲望，活出淡然的状态。

在"君子三戒"中则告诉我们在生涯发展过程中应靠自己的智慧懂得放弃什么。这一取一舍、一得一失之间，尽显人生的魅力。

《论语》中提到的是在生涯发展过程中应该依靠自己的努力争取收获的人生状态，例如，三十而立、四十不惑、五十知天命等；"舒伯生涯发展理论"则以职业生涯为参照系，提出在不同年龄阶段个人融入职场、融入社会所需要完成的任务。

每个人都想在生涯发展的规律中，行走出自己的轨迹。怎样能让忙碌的一生活出自己的色彩呢？在困惑、挫折面前，我们又靠什么指引前行的方向呢？

下一节：描绘人生愿景，挖掘内心动力。

子曰："学而时习之，不亦说乎？有朋自远方来，不亦乐乎？人不知而不愠，不亦君子乎？"

子曰："三军可夺帅也，匹夫不可夺志也。"

第二节　描绘人生愿景，挖掘内心动力

如果一个人能清楚地阐述自己的人生愿景，让愿景在脑海中浮现成一幅画面，人生愿景就会从一个朦胧的想象变成一个真实的情景。当一个人生愿景的画面出现在脑海中时，它能给我们现实生活带来前进的动力和克服困难的勇气。

在港珠澳大桥建设时期，我的学生有幸采访了参与建设工作的项总。

项总给学生们讲解了在港珠澳大桥施工过程中遇到的种种困难，这其中包括克服技术难题、突遇暴雨天气、常年在外不能回家等，听者都如身临其境般，心情跟着故事情节忽上忽下地起伏。

学生问了项总一个问题："您最大的愿望是什么？"

项总说："我是从农村走出来的，我最大的愿望就是能靠我们的努

力，让家乡老百姓过上好日子。路修好了，桥通车了，老百姓的日子一定会跟着变得更好的。"

我相信，每每遇到困难时，项总的这个愿望就会给他带来克服这些困难的勇气和力量；当遇到迷茫时，想起当时自己的愿望：希望靠努力让家乡老百姓过上好日子，出现在脑海中时，他就知道如何选择、如何面对当下的困境了。

生活中，我们每天都忙着很多事，每件事单独拿出来看，都有其意义。如果不假思索、不做取舍地忙碌，时间久了会让我们陷入焦虑之中，内心会有一个问题缠绕：我为什么要忙这些事？这就是我想要的生活吗？我到底要追求什么？

当这些问题出现时，会使我们心神不宁。我们可否花一点时间，问问自己的人生愿望是什么？如果能清晰地描述出自己的人生愿望，就能无惧生命里的挑战，也能在遇到选择时，知道朝哪个方向前行。

距今 2500 多年前的孔子，身处乱世，一生致力于传播自己的思想，回顾孔子的一生，他所经历的各种磨难、受到的驱逐和种种不理解，比我们现在要痛苦得多，但他始终坚定不移、初心不改。正如他通过文字为我们清晰地描绘出了他心中的美好愿景一样。

子曰："学而时习之，不亦说乎？有朋自远方来，不亦乐乎？人不知而不愠，不亦君子乎？"

这段话作为《论语》的开篇，为我们勾勒出了孔子心中不懈追求的人生志向：

如果人们都能在学习并实践着自己的学说，这不是令人喜悦的吗？如果有赞同自己学说的人从远方而来，不也是很快乐吗？即使社会没采用，也没人理解自己的学说，自己也不怨愤恼怒，不也是有修养的君子吗？

三句话形象、清晰地描述了孔子对待自己理想与信念的态度，展现了三幅生动的人生愿景画面。在此志向的指引下，孔子终其一生、排除万难地传播治世修身之道，并留下了诸多宝贵的精神文化财富。

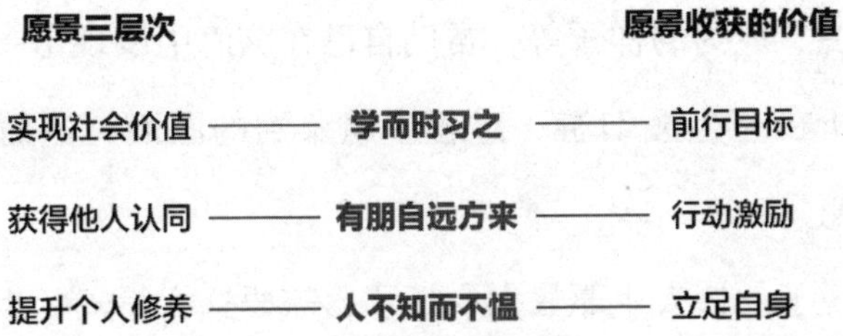

愿景三层次   愿景收获的价值

实现社会价值 —— 学而时习之 —— 前行目标

获得他人认同 —— 有朋自远方来 —— 行动激励

提升个人修养 —— 人不知而不愠 —— 立足自身

图 1-6 愿景三层次

有了清晰的人生愿景，就能在人生的旅途中给自己赋能，在朝着愿景追求的过程中，有了一些进步，就会让自己收获喜悦和前进的动力。在孔子的人生愿景指引下，每每有人能应用他的学说或有弟子来和他交流心得；在别人不理解他时，他也能做到不生气，孔子都会觉得自己在向着愿景迈进，从而会让他孜孜不倦地努力下去。

在当今的生活中，直接让我们自己尤其是在年轻的时候谈人生愿景，会比较空洞，太久远之后的事情自己又想不好。有没有什么有效的方法，能帮助我们将自己对未来的想象从朦胧变得清晰呢？

我们可以尝试使用"生涯幻游"的方法，先确定个时间长度，比如，5 年或 10 年，并在"生涯幻游"引导词的带领下，让自己的愿景变得清晰。经过一段时间的历练和探索，我们会找到自己终其一生都希望从事的事业，并希望实现的梦想。

"生涯幻游"是生涯教育中较为经典的探索人生愿景的方法。结合音乐欣赏，透过幻游的画面，引导者带领我们去自己想象中的未来空间，帮助我们发现自己潜在的价值观，以及重新发现自己的人生愿景。

"生涯幻游"的具体操作方法是：我们在生涯教育者的引导下，闭上双眼、全身放松，通过不断回答问题，逐渐想象 5 年或者 10 年后自己所处的环境、成为的样子等，帮助自己在脑海中展现出一幅画面，而后再自行分析在"生涯幻游"过程中想象到的画面，进而让我们发现自己的人生愿景。

有人会说了，谈人生愿景太麻烦了，需要这么累吗？生活不易，何苦自己折磨自己呢？不考虑未来，真的就可以每天快乐地生活吗？

生活中的选择太多，即使你不主动触碰这些选择，它们也会跑到你面前来晃一晃。如果我们没去深入思考自己的人生愿景，就会毫无方向。什么都想要，什么都不想丢，见到什么就忙着去做什么，这些不知道从哪里冒出来的各种选择，会把人整得团团转，忙碌而焦虑。

有没有思考人生愿景问题，直接影响着生活的幸福感。我遇到了不少对自己的未来产生迷茫的青年人。从开始工作后，就忙忙碌碌地处理每一件事务，不曾探究过自己的生涯发展，突然有一天，觉得自己所做的事没有了继续做下去的动力，同时发现自己除了这件事，别的什么都不会。

我们会发现，能够为自己勾画出个人愿景的人，每天的生活都会有明确的目标；会因自己朝着目标努力的行为而快乐；会多从自身出发思考问题，找到解决问题的方法，继续前行。

如果不知道自己想追求什么，也就没法找到真正的快乐。一个人对未来的追求，将成为自己面对生活中各种境遇时前进的动力，给予自己一份勇气直面挑战，也会享受到向着人生愿景努力过程中的充实与幸福感。

　　子曰："三军可夺帅也，匹夫不可夺志也。"

孔子说，"三军虽众却能夺取其将帅，一个普通人立志却难以改变其志向。"

一个人立志，就确定了奋斗的方向，也就有了人生的意义，什么是对、什么是错，也就有了答案。当遇到人生岔路而不知如何选择的问题时，我们自己所描述出的人生愿景会帮我们做出选择；当遇到人生挑战觉得无助时，人生愿景会给予我们前进的动力；在漫长的生命旅程中，拥有人生愿景的人，会知道什么是自己想要的幸福，并能体味到每一份幸福感。

生活因追逐梦想而变得美丽。我了解过很多人的成长经历，他们大部分的时间其实都是在过着普通人的日子，之所以一些人的故事会让我们感动，便是因为他们追逐梦想的样子，给我们鼓舞、给我们力量。

人最大的幸福是活成了自己希望的样子，我们可以通过"生涯幻游"的方法，帮自己澄清人生愿景，描绘一幅清晰的画面，让自己希望活成的样子从模糊变得清晰。通过学习《论语》，我们也懂得了孔子所追求的人生理想，并意识到这份远大理想带给他的前进动力。"匹夫不可夺志也",更是在告诉我们,每个人都应怀揣人生志向,实现人生价值。

我们需要人生目标为我们指明前行的道路。什么样的人生目标才能在迷茫、困惑时告诉我们前路在何方呢?什么样的人生目标才会给我们提供源源不断的内在动力呢?

下一节:目标越长远,动力越持久

曾子曰："士不可以不弘毅，任重而道远。仁以为己任，不亦重乎？死而后已，不亦远乎？"

子曰："人无远虑，必有近忧。"

第三节　目标越长远，动力越持久

一些青年人认为长远的目标太虚幻，不如临近的目标真切。比如，当问自己未来想要做一个什么样的人时，我们一下回答不上来。但高考尽量考得好一些，找一个薪酬高一点的工作岗位等目标则更实际、更容易把握。

于是有些人不愿思考自己的长远目标，只给自己定个临近目标就开始前行。但当临近的目标不再是自己当前的目标时，内心的动力便会减弱，便容易陷入迷茫状态。

我的学生小亮工作5年了，他很兴奋地告诉我自己开始主持一个项目了。

我问他："为什么能主持一个项目，你就这样开心了呢？"

他说："这是因为我的专业能力得到了认可。在我4年前和您聊完之后，我就定下心来努力提升业务水平，终于赢得了一个阶段性的认可。"

记得小亮刚毕业那会儿，他因得到了某地产公司的工作机会而神气不已。在我面前"哼哼哼"地炫耀着自己。那会儿我就问他，"为什么你这么开心呢？"

小亮说："都说在地产公司挣钱多呀，大家都想去，我成功了，我当然开心喽。"

"那你对自己的职业生涯有什么期待吗？希望实现什么愿望？"我问道。

"多挣钱！挣钱就是王道。"小亮回复我道。

在小亮工作一年左右的时候，他急切地找我，说他不知道努力的方向了，很迷茫。

小亮开始工作时，很在意收入的高低，因为他觉得毕业时同学们都知道他工作起薪高，于是一聚会，他就特在意是不是他就是挣得最多的。但工作了一段时间后，收入的高低对于小亮来讲，就不再成为他前进的动力了。在工作中，他发现自己没有专长，技术不过关、表达不突出，觉得没有哪个岗位自己能站得住脚。

地产企业人员考核机制比较严格，他担心自己因试用期不合格而被解聘。

"王老师，我记得您讲过，工作中遇到的挑战会很多，内心的力量会支持自己战胜这些挑战。但我觉得自己的内心没有力量。"小亮问我。

我说："嗯，可能因为你还没弄清楚自己希望通过努力实现什么样的愿望。你毕业时说，自己想挣钱。你觉得这是你的愿望吗?"

小亮说："开始觉得是，但后来就觉得不是了。我不觉得我最需要的是挣钱。"

我说："是呀，我们的人生愿望是能在遇到困难时带给自己力量的。没有得到力量支持，说明你还没找到真正的人生愿望。"

我接着说："我来问问你，你多挣钱是为了什么呢?"

小亮说："我觉得多挣钱能表现出自己有成就。"

"那你希望的成就是什么呢?"我继续问他。

"我希望能展现过硬的技术，让别人认可我的专业能力。王老师，我觉得自己找到心里的力量了。"小亮兴奋地说。

我说："也许过一段时间，你还会遇到类似的情况。没关系，到时候你还用这样的方法问问自己。"

如果我们没有深入挖掘就给自己确定一个人生愿景，这样的人生愿景只是我们对当下遇到问题的一个思考，没办法给我们提供持续努力的动力，一旦遇到挑战，我们仍旧不知前路在何方。

思考越深，人生愿景便会定得越高远，这就更能给我们当下的生活带来前进的动力，同时帮助我们看清前进的方向。

其实，我们现在所能提出的高远一些的人生愿景和《论语》里的内容相比，还是有很大差距的。

曾子曰："士不可以不弘毅，任重而道远。仁以为己任，不亦重乎？死而后已，不亦远乎？"

曾子说："君子不可以不弘大刚强而有毅力，因为他责任重大，道路遥远。把实现仁作为自己的责任，难道还不重大吗？奋斗终身，死而后已，难道路程还不遥远吗？"

《论语》里对什么样的理想才能算是人生愿景进行了解读：任重而道远的理想才称得上人生愿景。把让天下实现仁治这样的理想扛在肩上，够重的了；终其一生，死而后已地朝着理想去奋斗，这时间的长度不能再长了。当这样的人生愿景在心中形成后，每一天的路都会坚定。

和几千年前的老夫子比起来，我们所说的那些理想、愿景是不是挺渺小的？大理想才能给现实生活指明方向。如果我们的理想就是眼前的这些事，那就还得被绕进去。

"任重"和"道远"是人生愿景的重要标志，我们需要有意识地引导自己将人生愿景定得高远些，有了更远大的人生愿景，我们前进的动力会更强。

但怎么能思考清楚自己的人生愿景呢？如果我只能想到眼前的问题，那怎么办呢？

遇到无法从现实中抽离出来，直接谈人生愿景没法想象的问题时，运用"逻辑层次"能帮助澄清自己的人生愿景。"逻辑层次"由 NLP 大学（NLP University）创始人之一罗伯特·迪尔茨整理，在 1991 年推出。

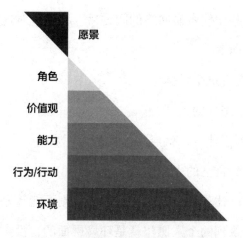

图 1-7 逻辑层次展现的六个层级

逻辑层次分为环境、行为、能力的低三级和价值观、角色、愿景的高三级，层级越低，描述越容易，而后再顺着层次提升，逐渐回答较深的问题。

我们可以尝试着问自己以下几个问题：

"向往的生活环境是什么样的？"

"需要做到什么事，就让你觉得拥有了这样的生活环境？"

"需要自己具备哪些能力，才能做到这些事？"

逻辑层次的方法，能帮助我们从比较容易思考的层次出发，逐步考虑自己对人生愿景的理解。

通常我们都比较容易思考有关生活环境的问题，想想自己希望过上什么样的生活？回答这样的问题既轻松又愉快，比直接回答自己的人生愿景是什么，想要成为一个什么样的人等问题要容易得多。但回答这些问题会对自己找到人生愿景起到重要作用，因为这些问题首先让我们的思考聚焦未来，先让我们朝向未来张望，我们才好找到想要走的路。

在回答完这些比较容易回答的问题后，再通过对这些问题的解答逐级上台阶，继续回答：

"为什么要实现这个目标？

"想成为一个怎样的人？"

"你认为做到了什么，就成为这样的人？"

从而慢慢找到自己的人生愿景。

如果只是在阐述环境、行为层级的内容则不能算是愿景，就像我的学生小亮，开始谈到的个人愿望就是环境层面的，没法指导他的生活。

衡量人生愿景的标准："任重""道远"。

能不能不想那么远？

是不是可以用"小富即安"来安慰自己？

我没啥远大抱负，今天过好了就可以了。

一位35岁的学生跟我交流她的近况。从参加工作开始，她一直在设计院工作，每天的工作就是画图、出图，从来没太多想过未来发展的问题。随着年龄增加，家庭更需要她去照顾，她觉得自己精力体力有些跟不上。同时，因为一直从事设计的工作，重复的内容让她对工作产生了厌倦。

此时，她因为心情烦躁，没能静下来好好地问问自己对接下来生活的向往，却因为不喜欢现在的工作就选择了辞职。但又不知道想做什么，她说，希望能找一个轻松一些的岗位。

"轻松"，是能轻松地说出来，却又不能轻松实现的生活状态。

子曰："人无远虑，必有近忧。"

孔子说："一个人如果没有长远的考虑，一定会有眼前的忧患。"

《论语正义》引解："虑之不远，其忧即至，故曰近忧。"

如果看到一个人今天忙着干这个，明天又忙着干那个，两件事八竿子也打不着。那我们就知道，他没有好好问过自己有关人生愿景的话题。这样的人，越忙，心里越跟长了草似的，还是会继续被困扰，找不到解决办法。需要做的事只会越来越多，啥都不琢磨的结果，就是啥都瞎忙活。

不被思考所累，就得被生活所累。

希望我们都能对自己的人生有长远些的思考，当"任重而道远"的人生愿景成为我们的人生追求时，路途中的挑战就成了别样的风景。

如果我们无法一下子就想清楚人生愿景这样的问题，则可以用"逻辑层次"的方法，从现实出发，由浅入深地一步步找寻自己的愿景。

运用"逻辑层次"的方法，我们发现了自己的人生追求：那个藏在自己描绘的"向往的生活"后面，有我们希望激发小宇宙去实现的美好愿景。但，愿景虽美，却任重而道远啊，怎么实现呢？朝哪儿努力？怎么努力呢？

下一节：把每一天当作梦想的练习

子夏曰："博学而笃志，切问而近思，仁在其中矣。"

子曰："志于道，据于德，依于仁，游于艺。"

子曰："德之不修，学之不讲，闻义不能徙，不善不能改，是吾忧也。"

第四节　把每一天当作梦想的练习

很多青年人会给自己确立明确的大学发展目标：希望自己本科毕业考研、出国继续深造；希望自己能有机会到名企就职；希望自己能拥有良好的沟通表达能力；或者希望在转专业、选方向的时候以优异成绩得偿所愿等。但一些青年人却只停留在制定目标的阶段，当被问到是否了解了对应高校的考研标准、企业的用人需求并开始努力，是否通过在每次课堂上举手发言锻炼表达能力等问题时，往往只是低头不语。究其原因，是因为其没有将注意力放到每天的行动中，没有把每一天的成长当成是实现梦想的练习。

新生思明找我谈他的困惑。他说："王老师，我不喜欢现在学的 A

专业，我想转到 B 专业去学习。"

"为什么有这样的想法呢？"我问道。

思明回答："我从小就有美术基础，喜欢做有创意的事情，B 专业特别适合我。我畅想着自己毕业以后在设计公司上班的样子，觉得特别有动力，那就是我向往的事业！"

思明畅想着自己的未来，好像现在就已经实现梦想了。

"转专业有什么具体要求，你知道吗？"我问道。

"噢，我知道。"他眼神马上就变了，头也低下来了，"第一年成绩有要求，还要展示出对所申请专业的认知与实践。"

"那你现在的准备如何？"我问。

"成绩不行……"思明低下了头。

人生愿景再美好，也需要我们抓紧每一天，依靠实际的行动，一点点地做积累。如果不能把握好当下，即使每天都畅想一遍自己的梦想，我们离梦想的距离也不会变小。

　　子夏曰："博学而笃志，切问而近思，仁在其中矣。"

子夏说："广泛学习，坚守志向，有不明白的要向别人询问，多考虑当前的事情，如果这样做了，仁就在里面了。"

"仁"是孔子及其弟子终其一生追求的人生愿景，面对让天下实现仁治这样的宏大理想，也是需要落实到日常的行为中，每天做到"博学""笃志""切问""近思"四件事，就是在逐步实现"仁"的理想。

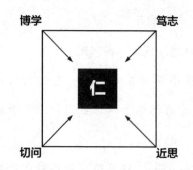

图 1-8 实现"仁"的理想应从四方面努力

多大的梦想都要从实现每一天普通的小事中做起，如果我们只在那里空守着自己的梦想，而看不上眼前的这些事的话，我们也只会被说成是好高骛远、空话连篇的人。

有人会说，我还不知道自己未来想做什么，没有明确的目标，那我每天应从哪些方面入手让自己有成长、有收获呢？又或者，我有个明确的目标，然后我就死盯着这件事，只在某一个单一领域去精进，会不会让自己变得偏激，走进死胡同呢？

《论语》中在日常成长方面为我们提出了很好的建议，从四方面入手，平衡发展，全面成长，即明确个人追求、精进自身能力、对内克己自省提升修养、对外与人相处遵守仁义。

子曰："志于道，据于德，依于仁，游于艺。"

孔子说："要立志向道，据守在德上，依倚在仁上，优游于六艺。"
我们首先要明确自己的志向，如前几节所讲，澄清自己的人生愿景。在这里，孔子强调，立志要向道，以远大的志向指引自己前行。燕雀戏藩柴，安知鸿鹄游？拥有远大志向的人，才会在个人成长的其他方面给自己提出更高的目标。

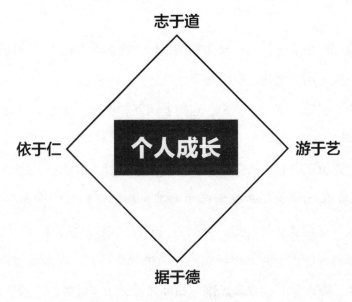

图1-9 在四方面积累实现个人成长

"游于艺"是孔子以游泳为例：人之习于艺，如鱼在水，忘其为水，斯有游泳自如之乐。学艺，精进自身才学能力，是修身进德的基础，是实现个人志向的途径，不学习、不进取、不实践，理想、道德也就成了空谈。而且，没有实践的空谈，也谈不出什么远大的理想和让人敬仰的道德来，无非是发发牢骚而已。

依靠个人学习进取，实现人生愿景，体现个人价值的过程，不能不择手段、不能急于求成，要禁得住诱惑、守得住道义，更需要不断提高自身修养，对内省，待人仁义，做到"据于德""依于仁"。

凡建立功业，以立品为始基。从来有学问而能担当大事业者，无不先从品行上立定脚跟。——徐世昌

在道德的指引下，以仁义为标准，所立之志才会远大，所精进的学问、能力才有用武之地。

志道、据德、依仁、游艺，这四者间互相促进，最终实现每个人的平衡发展、全面成长。

我们理解了自我成长应该从四方面着手，具体的成长方式又会是什么样的呢？美国著名管理学大师史蒂芬·柯维提出的"学习——坚持——实践"螺旋式成长模型，可以为我们提供很好的借鉴。

在《高效能人士的七个习惯》一书中，史蒂芬·柯维将主动积极，以终为始，要事第一，双赢思维，知彼知己，统合综效，不断更新，并称为人类取得全面成功的七大准则。

在第七个习惯"不断更新"中他讲到，人生最值得的投资就是磨炼自己。

书中举了一个例子：

假使你在森林中看到一名伐木工人，为了锯一棵树已辛苦工作了5小时，精疲力竭却进展有限，你当然会建议他：

"为什么不暂停几分钟，把锯子磨得更锋利？"

对方却回答："我没空，锯树都来不及，哪有时间磨锯子？"

如果我们的愿景是把这片树林里的树都锯完，把锯子磨锋利就是自我成长，看似和锯树没关系，其实却是起到决定作用的。

书中提到自我成长的四个层面分别是：身体、精神、智力、社会/

情感。

身体层面的成长指的是注意健康饮食，充足休息和定期锻炼。

精神层面的成长指的是注重和自己内心的对话，把握生活的方向。

智力层面的成长指的是不断学习知识、磨砺心智、开阔视野。

社会/情感层面的成长指的是建立与他人相处的良好关系。

书中强调，四个层面需要平衡发展，身体健全有助于心智发展，精神提升有益于人际关系的圆满等，每个层面都会对另三个层面产生影响。

自我成长是一个螺旋式上升的过程，我们在不断地"学习——坚持——实践"中，不断完善自我。

书中还提到人们会通过独特的天赋——"良知"来指引这个螺旋式上升的过程不会背离正确的原则，良知保证我们在一个正确的方向上成长。

我们会发现在《高效能人士的七个习惯》"自我更新"中提到的精神、智力、社会/情感这三个层面和《论语》中的"志于道""游于艺""依于仁"三方面很接近，同时，书中提到的用"良知"做原则来指引自身成长，和《论语》中"据于德"的道理彼此相通。

不管是《论语》中指出的志道、据德、依仁、游艺四方面平衡发展；还是《高效能人士的七个习惯》自我更新中指出平衡身体、精神、智力、社会/情感四个层面螺旋式提升，都将关注点放到每天的成长上，都能为我们提供很好的指导，帮助我们梳理应该如何在日常生活中完善自我、提升自我。

真正的高贵，不是优于别人，而是超越昨天的自己。

——海明威

当我们把每一天都做好了，我们就在朝着自己的人生愿景靠近。不会经常碰到因为还没实现自己的愿望而感叹的人；或者因不知道如何实现自己的愿望而忧虑的人。实际上，当我们开始在意我们的今天是否比昨天有所收获，有所成长后，我们会发现，这些忧虑都会在不经意间离我们远去。

子曰："德之不修，学之不讲，闻义不能徙，不善不能改，是吾忧也。"

孔子说："不修道德，不讲学问，知道应当做的却不能迁而从之，不好的毛病却不能改掉，这是我的忧虑啊。"

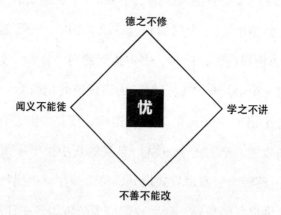

图1-10 日常忧虑的四种行为

我们对人生的美好愿景，是指引我们前进的动力。值得我们忧虑的，不是实现愿景的途径还不清晰，而是每天应做的事没做。如果不修德、不学习、发现好的却不去尝试，发现错误却不改，没有进步、没有成长，这才是最让我们担忧的事。

每日成长中哪部分的成长是最重要的呢？《论语》中为什么说修德是基础呢？精于学业和提高个人品德修养之间的关系是怎样的呢？

下一节：人人都会的小事也要认真学

第二章

不该忽视的日常小事

子曰："弟子，入则孝，出则悌，谨而信，泛爱众，而亲仁。行有余力，则以学文。"

子曰："君子义以为质，礼以行之，孙以出之，信以成之。君子哉！"

第五节　人人都会的小事也要认真学

有些青年人很关注个人成长，每天都会努力学习各类知识技能、结交朋友，不断提高自己各方面的素质，但常常忽略一些日常小事：上课迟到、答应的事情做不到、不注意基本的礼貌、作业字迹潦草等。他们觉得不需要花精力在这些日常小事上，因为这些事不需要学习就会。这些日常小事只要自己稍微注意一下即可。省下来的精力不如去学习一项技能、一个软件。

其实，即使是人人都会的事也需要通过日常小事来不断磨炼，在为人处世时才会自然流露出来。这些事反而更能展现一个人的品德修养，正所谓：道行在外，德修在己，求行道于天下，先自据守己德。

我的学生大彬，工作第8个年头时，被任命为公司最年轻的项目经理。他是个憨厚老实的人，踏踏实实的，能这么快做到公司的中层干部，我很替他高兴。

大彬跟我说，他这几年特别受领导重视，一直有意锻炼和培养自己，才有了现在这样的成绩。之所以这么重视他，起因则是因为一件小事。

开始工作时，因为他不善言辞的个性，在项目上，领导基本看不见他。但当年 11 月，初冬时节的北方，气温已经降到 10 度以内，为了赶紧完成工程进度，需要涉水作业，项目部要有技术员带着工人师傅一起干。大彬觉得这是他的责任，就接了这个任务。他和工人师傅们一起涉水，随时解决技术问题，用 3 天时间把任务完成了。

领导由此就记住了他。

我问大彬："还有谁和你一起去了呢？"

"就我去了。因为太冷了，还得站在水里，我手脚都冻僵了。"大彬回答。

"那你为什么去呢？"我问。

大彬坚定地看着我说："职责所在，没多想。"

我说："那我明白了。你刚入职，领导之所以开始重用你，不是因为你业务知识和技能有多突出，而是看到了你身上良好的品德修养。"

提升个人品德修养在个人成长中有着非常重要的作用，虽不会即刻表现，却决定着个人的长远发展。针对有人在成长中，关于提升品德修养和学习各类知识技能，两者应如何排序的问题，《论语》给我们提出了明确的建议。

子曰："弟子，入则孝，出则悌，谨而信，泛爱众，而亲仁。行有余力，则以学文。"

孔子告诉青年人，应做一个在家孝顺父母，出门尊敬兄长，做事严谨守信，待人广泛友爱，亲近有仁德的人。做到这些之后，如果还有余力，再继续学习其他知识。

"有余力，则学文"，《论语》这段话通过比较修德与学习的顺序关系，强调以德为本，以德为先的道理。

有时我们会认为，应注重把知识学好，有了一技之长才能有更好的个人发展，而提升品德修养中所提到的这些事，有些没做到、没做好的，并不是很重要。实际上，如果没有注意品德修养的锻炼，个人发展道路就容易走偏。

比如，小的时候，家里人会告诉晚辈最重要的事就是好好学习，学习成绩好将来就有出息，而不做家务、对长辈不礼貌等行为都没有学习重要。以至于有些人长大后出现了遇到事情只求私利，遇到不满意就采取极端行为的情况。

提升个人品德修养是个人成长的基础，基础打牢了，更高的个人学问、个人能力才能承载得住，反之就会自我坍塌；提升个人品德修养，为个人成长指明方向，朝着正确的道路前进，在努力奔跑中才不会迷失自我。

在阐述立德重要性的同时，《论语》这段话还告诉我们应从五方面着手提高个人品德修养，即孝敬父母、尊敬兄长、诚实守信、待人友善、亲近仁人。

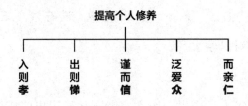

图 2-1　从五方面入手提高个人修养

先立德，所学的知识才有用武之地。从长远看，立德是个人成长的基础，也是航标，拥有良好的品德修养，方能行大事，至千里。

在明白了立德的重要性和应该从哪些方面着手后，我们就可以从这五方面入手，在与父母长辈相处、待人接物、日常学习、生活等事情中，注意个人品德修养方面的练习，不断提高自身品德修养。

具体到做每件事时，我们怎么能保证自己遵守了道德准绳呢？《论语》中也清楚地提出了可参考的标准。我们可以按照这个准绳来要求自己，对于没有做到的部分，要不断提高。

　　　　子曰："君子义以为质，礼以行之，孙以出之，信以成之。君子哉！"

孔子说："君子以义作为办事的根本，用礼仪来实行它，用谦逊的态度来表达它，靠诚信来完成它。这才是真正的君子！"

孔子从做一件事的起因、过程、方法、结果四环节中，提出了明确的准绳。

行事四准绳

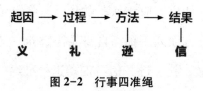

图 2-2　行事四准绳

"义以为质"，做一件事，我们首先要问问自己，做这件事的初衷是什么？为什么要做这件事？做事的初衷是否符合仁义的标准，是否出于公心？是否在为社会、为他人做出贡献？如果做事的初衷不符合"义"的标准，事情做得再漂亮、态度再诚恳、做到了言而有信等其他所有的标准，也只能说是在"粉饰"。

"礼以行之"，当我们做事的初衷符合"义"的标准后，我们要注意这件事处理的过程是否懂礼数、讲规矩。做事都讲究规矩，如果规矩得当，人们会觉得我们有礼貌、懂礼数，如果做事不懂规矩、没有起码的尊重，即使做事的初衷是好的，也违背了"礼"的标准。

"孙以出之"，在和别人沟通时，我们要注意是否做到了态度谦逊。如果我们自认为做了一件对别人有益的事，做事的流程也符合规矩、讲礼数，但对人的态度很冲，觉得反正也是好事，说话上就不用太注意。其实，做每件事时谦逊谨慎的态度很重要，谦逊表达时别人才会第一时间接收到我们传递的善意。

"信以成之"，做到言必信、行必果。做一件事有再好的出发点、再懂礼数的处理过程、再谦逊的表达，最终也必须有结果。如果答应得好好的，最后却没有兑现自己的承诺，再好的许诺也成了谎言；如果做一件事虎头蛇尾，这些不守诚信的做法都违背了道德准绳。

通过"有余力，则学文"的对比，我们理解了提升道德修养的重要性。在宏观层面，知道了应该从孝敬父母、尊敬兄长、诚实守信、待人友善、亲近仁人五方面入手提高自身品德修养；又从微观层面，针对每件事，了解了"义、礼、逊、信"四条道德准绳。

马上开始从小事着手，努力提高自己的品德修养吧。

那么，提升修养中最基础的小事又是什么呢？

下一节：别让父母成为最熟悉的陌生人

子曰："父母之年，不可不知也。一则以喜，一则以惧。"

子游问孝。子曰："今之孝者，是谓能养。至于犬马，皆能有养。不敬，何以别乎?"

子夏问孝。子曰："色难。有事，弟子服其劳；有酒食，先生馔，曾是以为孝乎?"

第六节　别让父母成为最熟悉的陌生人

一位大一学生在和老师说话时很冲，不是很有礼貌。

我以为这个学生遇到了什么困难，所以就多留心了一下。

结果，我发现并没什么特别的事情发生，他就是这种说话的方式。

有一天，我无意间听见这个学生在打电话嚷嚷! 仔细一听，竟然是他妈妈的电话。

相比之下，他对老师的态度，已经算是客气的了。

上节中提到的，提升品德修养的"小事"，是个人成长的基石，决定着每个人应对大是大非问题时的做法。在这些"小事"中，孝敬父母排在首位，是我们所有善意的源头，是做好提升品德修养"小事"的开始。

父母是赐予我们生命的人，是在我们成长、成年的过程中为我们付出最多爱的人。

我们是否真正理解孝敬父母呢？会不会因为爱得长久，而觉得理所当然？会不会因为距离太近，而觉得矛盾太多呢？

孝敬父母本是最不需要多讲的道理，但有些人却和父母成了最熟悉的陌生人。

子曰："父母之年，不可不知也。一则以喜，一则以惧。"

孔子说："父母的年纪，做子女的不能不知道。一方面，是因为其寿高而欢喜，另一方面，是因为其年老而惧怕。"

我们都能说出父母的年龄和父母的生日吗？现在给小朋友过生日的环节都安排得很丰富：吃蛋糕、唱歌、许愿，邀请好朋友一起庆祝。

父母是否有生日愿望呢？有想一起聚聚的好友吗？

父母在我们成长过程中所付出的心血是无法用语言来形容的，在父母生日到来之际，我们的心中是否也有这"一喜""一惧"呢？

如果我们明白"一喜""一惧"的道理，就能理解孝敬父母的重要性。最亲密的人终究不会永远陪伴我们，当相隔于不同的世界时，即使是彼此间的争吵也会成为最甜蜜的回忆。

对孝敬父母都敷衍的人，是很难真心实意地尊敬兄长、关爱他人的，提升道德修养就更是空话。孝敬父母源自我们内心深处最厚重的爱，让我们都把这份爱从心底捧出，好好地孝敬自己的父母。当我们能做到孝敬父母后，我们才会有更多的爱给到周围的人。

既然能理解孝敬父母的重要性，那怎样做才算是孝敬父母呢？当下工作节奏都这么快，实在没太多时间和父母沟通。在和一些年轻人交流时，有人会觉得和父母没有共同语言，所以沟通甚少。

谈到怎么表达孝敬，很多人会想到让父母衣食无忧就是孝敬。《论语》有言：

　　子游问孝。子曰："今之孝者，是谓能养。至于犬马，皆能有养。不敬，何以别乎？"

孔子的弟子子游向孔子请教孝道。孔子说："现在所谓的孝，说的是能够养活父母。可是，人们连犬马都能够养活，如果没有敬重之心，那和饲养犬马有什么区别呢？"

现代社会生活中，同样存在这类的问题。像本文刚开始提到的问题，学生和父母交流时，说话很不礼貌，这就没有做到"敬"。从上大学开始，住校使我们和父母之间的物理距离会变得更大。上班后，很多人每天疲于工作、行色匆匆，甚至是背井离乡来到不同的城市打拼。对待父母，我们通常会觉得能让父母衣食无忧就是做到了孝敬。

《论语》提醒我们，做到"能养"并不是孝敬，我们是否时刻尊重着父母，是否能和父母耐心地通个电话或聊聊天？是否能关注父母的需求，并帮他们实现？是否能将"敬"作为"孝"的根本？如果没有做到这些，那我们就需要自我修正了。

那到底怎么做才是孝顺呢？很复杂，很难做到吗？

子夏问孝。子曰："色难。有事，弟子服其劳；有酒食，先生馔，曾是以为孝乎？"

子夏向孔子请教孝道。孔子说："子女经常在父母面前和颜悦色很难。有了事情，年轻人替他们去做；有了酒饭，让长辈首先享用，难道这就可以认为是孝吗？"

对于父母讲出的愿望，我们去帮助实现；一起吃饭时，都能够做到在父母长辈落座用餐前，晚辈不先动筷子。这些都是我们平时孝敬父母的做法。但在孔子看来，这些并不是最难做到的事，最难做到的是面对父母时始终保持和颜悦色的状态。

和颜悦色不就是微笑吗，这不是最容易的事吗？怎么还能比做其他的事情要难呢？微笑只有发自内心，才是真正的和颜悦色，否则就是巧言令色。所以，《论语》在告诉我们，做到从心里真心的"敬"而展现出来的微笑，比帮助父母实现愿望、让父母先用餐等具体的行为要难。

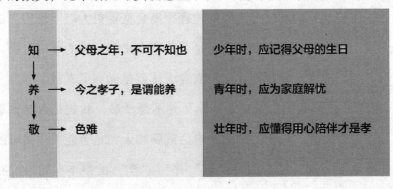

图2-3　人生不同阶段孝敬父母的不同表现

我们几乎是在不知不觉地爱自己的父母，因为这种爱像人活着一样自然，只有到了最后分别的时刻才能看到。　　——莫泊桑

在中华优秀传统文化中，"家"的观念十分重要。家是我们每个人的根，不管走到哪里，家永远是我们最牵挂的地方，家人永远被放到我们心里最柔软的地方。

孝敬父母并不难，让我们从展现最美的微笑开始。

《论语》中提到的"入则孝，出则悌，谨而信，泛爱众，而亲仁"，都是最基础的行为，把这些"小事"做好了，就能为个人成长带来大的成就吗？这些"小事"对我们的未来又有多大的影响呢？

下一节：面试迟到就能丢了工作机会

有子曰："其为人也孝弟，而好犯上者，鲜矣；不好犯上，而好作乱者，未之有也。君子务本，本立而道生。孝弟也者，其为仁之本与!"

第七节　面试迟到就能丢了工作机会

日常小事代表着一个人的处事习惯。好的习惯能成就一个人，不好的习惯能让一个人犯大错误。别人不会把我们做的某件事简单地看成一个偶然事件，而是会通过一件事判断出我们做事的习惯。

每年毕业季，我们都会给学生做工作推荐。给学生提供一些工作岗位的招聘信息，希望学生都能找到心仪的工作。

有一个学生的经历让我印象深刻。

招聘公司安排了一场面试，地点在北京西四环外，面试的时间是上午9点半开始。结果，他面试迟到了。

他认为理由很充分：不熟悉公交路线，没估计好时间。

作为老师，我给招聘公司打电话，说这个学生的优点，并想为他再争取一次面试的机会。

公司给的回复很坚决："王老师，很抱歉，我们认为这件事能反映出他的做事习惯，我们担心他在将来的工作中也会展现出同类的问题。"

这些事看起来很小，但在这些小事中所展现出的每个人的做事习惯，一旦形成，则很难改变。

上节中提到的孝敬父母、尊敬兄长、诚实守信、待人友善、亲近仁人，这些都是好习惯，会给我们传递一份正能量，能够引导我们用更积极、更正向的心态去面对生活。而不注重这些事的人，如果养成了不好的习惯，不仅会在学习、工作中经常出差错，还容易以自私、抱怨、欲求不满的心态来面对生活。

时间久了，不同的人就会走不同的成长道路。

招聘公司因迟到而断然拒绝这个学生的应聘，原因也就在此。

有子曰："其为人也孝弟，而好犯上者，鲜矣；不好犯上，而好作乱者，未之有也。君子务本，本立而道生。孝弟也者，其为仁之本与！"

有子说："一个人如果在日常生活中做到孝敬父母、尊敬兄长，就很少会冒犯君上；一个日常不冒犯君上的人，就很少会喜欢作乱。君子更注重从根本上做起，牢固根基后才能行仁爱之道。孝敬父母、敬重兄长，就是施行仁爱的根本所在。"

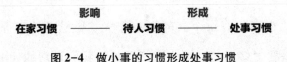

图 2-4 做小事的习惯形成处事习惯

　　孝敬父母，是日常每个人都能做到的"小事"，仁爱之道，是《论语》中所提到的治国理政的"大事"。通过日常的小事就可以判断一个人在大是大非面前会如何行事。

　　我们平时也会如此判断。比如，当一个人就一两件事和我们撒谎后，我们会觉得他不诚信；当一个人遇到困难就退缩时，我们会觉得他没有勇气。日常的小事是可以看出一个人在遇到大事时的处理方式的。

　　"君子务本，本立而道生。"这是在提醒我们，要重视这些日常中的小事。如果一个人日常小事做不好，只一心想着做大事的话，就听听《论语》这段话的劝诫。日常养成良好的处事习惯，是在牢固建立自己的立身根基。

　　其实我们在成长的过程中经常会遇到类似的问题：急切地希望自己能做几件"大事"来证明自身能力，却不注意日常的那些"小事"。

　　比如，上学时不按时上课、作业不好好完成，心里想着将来工作根本用不上这些课程知识；在家随意和父母顶嘴，心里想着反正是自己的父母，随便点就随便点吧；答应同事、朋友的事没着落、不兑现，心里想着又不是什么大事，重要的事我一定好好帮忙。

　　其实做好这些小事都是"务本"的过程，即牢固建立根基的过程，只有把这些"小事"做好，在"小事"中修身正己，才能在"大事"上有所作为。

　　就像刘备在临终时对刘禅的嘱托："勿以善小而不为，勿以恶小而为之"一样。

　　日常的"小事"对每个人的影响很大。做这些小事基本都是下意识的，不太需要过多思考，因为这已经成为我们日常的处事习惯了。我们如何养成好的日常习惯？如果我们现在有些不好的习惯，又需要如何调整呢？

美国作家查尔斯·杜希格的著作《习惯的力量》中提到，每个人都有自己的"习惯模式"，人生就是无数习惯的总和。

他指出，"我们每天做的大部分选择可能会让人觉得是深思熟虑决策的结果，其实并非如此。人每天的活动中，有超过40%是习惯的产物，而不是自己主动的决定。虽然每个习惯的影响相对来说比较小，但是随着时间的推移，这些习惯综合起来却对我们的健康、效率、个人经济安全以及幸福有着巨大的影响"。

所以说，我们并不是受偶尔发生的某一件突发的"大事"影响，而是在受每天都要做的"小事"影响。从这些小事中不断固化下来，最终自己几乎不用思考，不知不觉就在进行的决策与行动中，推动着自己不断成长。

我们不难发现，这个观点和《论语》中的"本立而道生"是一致的。

针对如何改变不好的习惯，作者在书中提到了习惯是一种分为三个步骤的神经逻辑回路：暗示——惯常行为——奖赏。

习惯的三个步骤

暗示	——	惯常行为	——	奖赏
饥饿	——	汉堡	——	满足感
饥饿	——	运动	——	畅快感

图 2-5 习惯的神经逻辑回路

养成这个习惯的三个步骤，让我们能对自己的习惯进行分析，帮助我们养成一个好的习惯。

习惯是三个步骤中的惯常行为，如果我们能找到另外两个步骤：暗示和奖赏，就可以想办法来改变一个习惯了。

在暗示之后，用不同的行为和奖赏来替代原有的行为和奖赏。

如果想增加一个好的习惯，则可以通过加入奖赏来实现。

比如，曾有个学生问我，他很希望自己能坚持每天背单词、学英语，但实际操作中坚持不了几天就放弃。

这种情况，我们就可以在奖赏环节下点功夫。比如，坚持了 7 天就奖励自己吃个炸鸡，坚持 14 天就奖励自己买个喜欢的东西等，总之，是把自己特别想干的事当成养成习惯的奖赏。

所以，用好这个"习惯三部曲"，帮助自己养成好习惯。

无论是《论语》中的"君子务本，本立而道生"，还是《习惯的力量》中提到的养成良好的习惯，这些都是在提醒我们从"小事"着手，将我们力所能及之事做好、做精，从中磨炼品格、提升能力，方能在这场人生的马拉松中更好地感受属于自己的独特风景。

尝试设计一个改变坏习惯的方案：

目前的情况

暗示：

惯性行为：

奖赏：

调整后的情况

暗示：

惯性行为：

奖赏：

注重个人品德修养，就是要与人为善，善待每个人，但见谁都堆笑脸，不得罪任何人。这样的说法和做法有没有问题呢？

下一节：当"老好人"不等于有好人缘

有子曰："信近于义，言可复也。恭近于礼，远耻辱也。"

子曰："乡原，德之贼也。"

有子曰："知和而和，不以礼节之，亦不可行也。"

第八节　当"老好人"不等于有好人缘

学校每年评奖学金的时候，班长会带着班干部们给同学们核实成绩、算总分，经审核后最终排定奖学金的归属。

小张是班长，平时脾气秉性很好，热心为同学们服务，受到大家的认可和信任。在大二评奖学金的时候，同宿舍的同学小吴，希望班长能给自己多算几个活动加分，从而提高自己的排名。

结果，小张碍于小吴的软磨硬泡，又觉得这件事都是由他来操作，就给小吴加上了分。

在奖学金公示期间，有同学发现了问题，并提出了疑义。

在情况了解清楚之后，班内一片哗然。同学们觉得自己一直信任的、优秀的班长，竟然没有秉公办事，这让同学们很失望。

我问小张怎么会犯这样的错误呢？他说："王老师，我没想欺瞒别人或者恶意操作，我其实就是想给小吴帮帮忙，没想到成了现在这样。"

你平时会有这样的困惑吗？某个好朋友想让你帮忙办个事，这件事自己如果办了，会损害他人的正当利益；如果自己不办，就会遭朋友的埋怨。

当遇到这种进退两难而不知如何处理的事情时，我们看看《论语》是否能帮助我们找到解决问题的方法。

有子曰："信近于义，言可复也。恭近于礼，远耻辱也。"

有子说："诚信约定符合道义，诺言可以兑现。恭敬符合礼数，就能避免耻辱。"

从《论语》的教导中，我们可以看出，信须视义而行，不能任何事情都信誓旦旦，否则就难以兑现；恭敬谦逊也不可过头，因为过头就会变成虚伪、献媚，可能反而遭受耻辱。

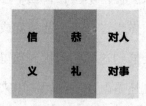

信	恭	对人
义	礼	对事

图 2-6　对人对事时应遵循的准绳

　　平时与他人相处，应该讲信用，但一味地讲取信于人，也是会有问题的。比如，如果一个人违反了国家法律，但他让你替他隐瞒，你应该怎么办呢？你会因为维护了正义而觉得失信了吗？

　　言语之信要以义为标准，须视义而行。如果这份承诺违背了道义，诺言就不应遵守。

　　如果遇到了为了维护朋友情谊而违背道义的事情，我们是否能做到及时制止呢？

　　比如，有的青年人跟自己的好朋友说，请他帮忙替自己去参加一门课程的考试，他的朋友因为怕他说自己不讲义气就同意了，结果两个人都受到了处分。也有人得知自己的朋友经常逃课，很担心他，于是就和老师反映，老师和家长及时和这位同学了解情况，避免其学业受更多影响。

　　信约是建立在道义的原则下的，当信约和道义相违背时，则应该选择做有道义的事，正所谓："若为义事，不必守信。"

　　平时待人是不是做到恭敬谦逊就可以了？如果一味地恭敬，过分地顺从，也是有问题的。

　　对待同辈，过分顺从会显得不实在；在单位里对待领导、上级也要注意恭敬合乎礼的原则，做得过分了，恭敬就成了谄谀。

　　初入职场的青年人会遇到这样的困扰，觉得自己和身边每个人相处的时候都非常客气，怎么还是融入不到团队中来呢？

　　这可能就是自己没有注意待人恭敬的原则。该恭敬的礼数就做，如果做得过分了，同事间反而会产生距离。面对上级时也是一样，必要的尊重都应遵守，但如果做得过分了，就会觉得是阿谀奉承，别的同事同样也不会对自己有好感。

所以，在职场中与人相处，做到恭敬是对的，但也要注意原则，做到"恭近于礼"。

提升道德修养教会我们要善待他人，与人为善，但并不代表只照顾别人的感受，而没有自己做事的原则立场。

就像唐僧师徒四人中沙和尚最常用的几句台词：

"大师兄，师父说得对呀！"

"师父，大师兄说得对呀！"

"师父、大师兄，二师兄说得对呀！"

我们是否有在与人相处中希望充当"老好人"的想法呢？孔子明确告诉我们他对这类人的看法："老好人"不会被赞许，这样的人并不是品德高尚的人。

子曰："乡原，德之贼也。"

孔子说："全乡的人都不得罪的那种好人，是人类品德中的败类呀！"

什么都说"好、好"，就成了没有原则的人，没有基本的是非观念，就无法称为品德高尚的人。

"老好人"为什么会被孔子认为是反面典型呢？因为"老好人"看似与人为善，实际上是明哲保身，是在打自己的"小算盘"，怕得罪人、怕自己受到影响。只有那些明辨是非、敢于亮出自己观点、面对原则问题不退让的人才能受到他人的尊重。

不管是在学生时代的班集体、宿舍，还是进入职场后的公司、小团队，我们都希望和伙伴和睦相处，共同配合。但又不能当"老好人"，那我们应如何处理集体关系呢？

有子曰："知和而和，不以礼节之，亦不可行也。"

有子说："为了和谐而一味地追求和谐，而不知道用礼加以节制，有些事情就行不通了。"

我们平时在与人沟通或团队合作时都会强调"以和为贵"，但如果只强调"以和为贵"也会产生问题。一个团队，为了大目标一起努力的过程中，必然会出现一些矛盾，也会出现不能满足每个人全部需求的情况。如果一味地追求和谐，没有一个统一的原则来约束，团队的凝聚力就会越来越弱。

查理·佩勒林在《4D 卓越团队——美国宇航局管理法则》一书中，介绍了打造高效卓越团队的 4D 系统，即一个高效卓越团队需同时拥有 4 个维度的特质：培养维度、包容维度、展望维度、指导维度。这4 个维度同步发展支撑着一个高效团队，如果有哪个维度存在明显缺失，团队便会变得低效而没有战斗力。

书中强调 4 个维度的均衡发展，恰好和《论语》中"信近于义，恭近于礼""以和为贵，以礼节和"的思想相一致。

培养维度——团队成员间的互相关爱与真诚感激——恭；

包容维度——团队成员间的彼此包容与保持诚信——和；

展望维度——团队成员有共同的价值追求和目标——义；

　　指导维度——团队成员共同遵守计划、组织、指导与控制的相关规定——礼。

图 2-7　《论语》与卓越团队的 **4D** 系统对比分析

　　一个高效卓越的团队，对团队成员的关心、支持，在团队中营造互相包容、彼此认可的氛围是必须的，也就是要做到《论语》里提到的"恭""和"。另外，团队还需要有共同追求的目标和明确统一的制度、流程，每个人都遵照执行，这就是《论语》里提到的"义""礼"。能做到"信近于义，恭近于礼""以和为贵，以礼节和"的团队，便迈向了从普通到卓越的过程。

　　无论是个人还是集体，在日常为人处事中，我们需要遵守原则，这个原则用《论语》的观点讲就是"礼"和"义"，在这个大原则下，再谈"和""信""恭"，我们才能创造出一个和谐友善的环境。

　　提高个人品德修养，不仅是每个人成长的基石，在带领一个团队时，也能发挥很大作用。

　　下一节：领导者最应具备的能力

子曰："为政以德，譬如北辰，居其所而众星共之。"

孔子曰："不患寡而患不均，不患贫而患不安。"

第九节　领导者最应具备的能力

作为一个初次担任领导职位的青年人来说，我们是否困惑过到底靠什么服众？是靠出色的能力还是靠严格的制度抑或是良好的人际关系？

我们除了为适应领导岗位而注重提升能力、规范制度、融洽沟通之外，是不是还有我们没有注意到的更重要的部分呢？

小景在其工作 8 年时，因业务工作表现突出，深受领导认可，单位决定安排其担任部门领导，带领 10 人团队开展工作。为了带领团队完成领导交办的任务，也希望自己能展现出好的成绩，小景制定了很严格的工作规则、量化考核指标。他希望团队每个人都能遵守，并按照这样的规则办理。

在提任管理岗位 4 个月后，小景团队出现下属对于安排的事情不落实、提交的结果有错误、开会不发言、经常躲着他等各种不"和谐"的事情。这让小景很苦恼。

我问小景："你依据什么规定团队工作的办事要求呢?"

小景说:"我按照我自己做这些事时的标准来定的要求。我的做法是受到领导认可的,所以大家按照我的做法做,就一定没有问题。"

"你原来是为了大家好而制定的工作要求,结果大家都不接受,团队工作绩效也特别低,你是为这些而苦恼,对吧?"我问道。

"对!提高团队工作绩效是我的根本目标!"小景坚定地回答。

我接着说,"其实,你希望看到的是,让大家更有激情地投入工作,把工作绩效提高而严格执行你所提的规则,其实是你运用的方法。"

"嗯,我把方法当目的了。您的意思是,我方法错了?"小景问我。

我回答说:"作为一个部门领导,首先要让团队成员认可你,然后才能在你的带动下投入激情。认可的不是你的技术而是你的人品。"

在樊登《可复制的领导力》一书中提道:用目标管人,而不是人管人。领导者在团队内形成共同的奋斗目标,把你要员工做的事,变成他自己要做的事。

小景遇到的问题就是,他只是在强调团队成员应该干什么,而没有和大家一起制定统一的团队目标,最终导致成员们并不认为自己应该这么干,工作效率反而下降了。

领导不是给员工提具体要求的人,员工可以根据共同奋斗的目标,为自己的工作制定最优化的实现路径。所以,领导的能力不是体现在如何制定规则上。彼得·德鲁克被誉为现代管理学之父,他认为:领导力是怎样做人的艺术,而不是怎样做事的艺术,最后决定领导者能力的是个人的品质和个性。

如何修炼自身的领导力？怎样提高自己做人的艺术呢？《论语》中也有相关的内容值得我们借鉴。

　　子曰："为政以德，譬如北辰，居其所而众星共之。"

孔子说："以自身的道德修养治理国家，就会像北极星那样，自己处在一定的位置上，众星都环绕着它。"

《论语》中经常会用自然界或生活中的现象当例子，来讲道理。这句话就是以星空中的北极星为例，很形象地告诉人们要"以德为政"的道理。

一个人的领导力强，并不体现在他制定了多少规章制度让别人遵守，而是体现在他是否能做到如北辰一样被众星拱之的状态，让别人拥护自己、追随自己。

孔子认为，要想具备这样的领导力，需要注重"以德为政"，需要从修德开始，从修身正己做起。

这里谈到的修德，是要从两个方向入手，一个是向内修德，另一个是向基础修德，即不是要过多关注如何管好众人而是要关注提升自身修养；不是要过多关注权力地位而是要关注品德素养。从关注自身、关注品德修养做起，就如北辰那样，自己不动，而众星拱之。

在唐太宗李世民治理国家的初期，对到底是行"仁政"还是"霸政"进行了一次争论，李世民最终选择了"仁政"，因为他和他的大臣们认为，"以力服人者，非心服也"；只有"以德服人者"，才能让人"心悦而诚服"。"心悦诚服"的状态也就是孔子所说的"居其所而众星共之"的状态。

而后，李世民带领他的大臣们，以《论语》"道之以政，齐之以刑，民免而无耻；道之以德，齐之以礼，有耻且格"的思想为指导，废除了大量的苛刻刑罚，培养百姓的是非之心，最终形成了"贞观之治"的辉煌盛世。

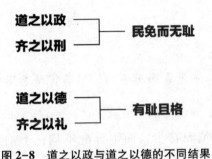

图2-8　道之以政与道之以德的不同结果

在"仁政"中，领袖首先要修身正己，正如李世民自己所说，"君是国之源，臣是国之流，若源泉混浊而求其流清澈，不可得也。"这与《论语》的观点完全一致，从修身上下功夫。

随着职业生涯的发展，很多人都有可能担任某个部门的负责人，带领一个团队开展工作。作为一个团队的领导者，我们同样希望自己具备如"北辰"一样的能力，带领身边的成员一起为了共同的目标而奋斗，怎样做才能具备如"北辰"般的能力呢？——应先从提高自身品德修养开始。

领导力是一系列行为的总和，这些行为将会激励人们跟随领导去要去的地方，而不是简单的服从。大到一个国家、一个跨国公司，小到一个球队、一个部门，我们可以在很多领域看到领导力的重要性，领导力最核心的部分是一个人的个人品德修养。

强化权力、加强管理只能让人服从，而不会让人追随，而一个高效的、具有战斗力的团队，需要一位能让成员们追随他去挑战每个任务的领导者。想要成为这样一位领导者，就需要历练品格，让自己成为一个有人格魅力的人，"譬如北辰，居其所而众星共之"。

作为一个团队的领导者，需要提高个人品德修养，成为一个有人格魅力的人，面对团队成员，除了严于律己以外，还有一点非常重要，那便是保证公平。

孔子曰："不患寡而患不均，不患贫而患不安。"

孔子说："不怕财富少，而怕分配不均；不怕人民贫穷，而怕不安定。"

每一个团队，都会遇到挑战，为了让团队成员激情投入、迎难而上，领导者都会想出很多奖励方法来。实际上，形成一个团结向上的团队，不是因为领导给的奖励多，而是因为领导赏罚分明、标准一致。鼓励安心工作、踏实奉献的成员，那大家就会像这些人学习；鼓励投机取巧、阿谀奉承的成员，那大家也有可能去效仿。

当成为一个团队的领导者时，我们都希望团队成员能够支持自己、拥护自己；希望团队团结友爱、积极向上，那就需要我们注重两方面：注重修德——如北辰众星拱之；注重公平——不患寡而患不均。

提高品德修养对一个人很重要。刻苦学习同样重要。除了应对考试、获取证书以外，学习还能带给我们什么益处？

下一节：应对考试的学习不叫学习

第三章

如何排解学习苦闷

子曰："唯上智与下愚不移。"

子曰："性相近也，习相远也。"

子曰："由也，女闻六言六蔽矣乎？"对曰："未也。"
曰："居！吾语女。好仁不好学，其蔽也愚。好知不好学，
其蔽也荡。好信不好学，其蔽也贼。好直不好学，其蔽也
绞。好勇不好学，其蔽也乱。好刚不好学，其蔽也狂。"

第十节　应对考试的学习不叫学习

从第一天上学开始，一直到大学期间，除了上课，我们有很多事可
以做，这时候我们不禁会问：上课学习这些知识能有什么用呢？学习就
是为了毕业找个工作吗？

等上了班，我们发现总有不会的东西要学，不学习就会落伍、就有
可能被淘汰。每天除了紧张的工作还得挤时间来学习，不禁要问：学习
就是为了保住"饭碗"？

不管在哪个阶段，学习这件事似乎都夹带着特定的目的。

实际上，学习是伴随每个人一生的生活习惯，每个人都可以通过学习获得成长。为了文凭、为了"饭碗"的学习，我更愿意称之为"应试"，为应试而学，其目标是外在的、短期的。

以一生为限、以学习为伴，这样的学习不是一日之功，不会立刻起效，但却能润化我们的心灵，拓展我们的思维，加深我们对世界的认知，并最终指导我们的行为。

相较而言，我更愿意称这种陪伴一生、服务成长的学习为学习。善于学习的人才会很好地化解生活中的困惑，找准发展方向，进而实现个人理想。

在《论语》中"学"的内容是做人做事的道理，"习"指的是在日常行为中将学到的道理不断实践的过程，在"学而时习之"的过程里，让自己不断进步、不断成长。

在借助《论语》指导生涯发展的时候，我们可以把"学"的内容做一些拓展，凡是能帮助到我们成长，不论是各个领域的专业知识、做人做事道理、历史人文甚至是他人言论、网络文章，只要能在自身生涯发展中受益的内容，都可成为我们"学"的内容。

对于学习，我们还会有如下的疑问：

对于现在用不着，或者觉得这些做人做事的道理都懂了，是不是就不用学了呢？

我们看看《论语》中是如何谈人为什么要学习的。

子曰："唯上智与下愚不移。"

孔子说："只有上等的智人和下等的愚人不会因为后天的学习而改变。"

《论语》中孔子的教诲经常会通过打比方的方式讲述，便于我们理解。孔子是在告诉我们，芸芸众生需要通过学习而成长。因为"上等的智人"和"下等的愚人"其实根本不存在。

学习应该是我们每个人生活的必需品，是生活的一部分。就像不吃饭、不睡觉，我们的身体会痛苦一样；不学习、不成长，我们的思维也会枯竭。养成学习的习惯后，我们会发现很多困惑皆可通过学习解开。

例如，我们通过学习《论语》，解开生涯发展中遇到的困惑，当某一句话直击内心，让自己有种豁然开朗的顿悟时，我们的成长与改变就随之发生了。

从长远来看，生活的窘迫和无奈也可能是自己的不学习、不成长造成的。也许我们现在所具备的知识储备、能力储备能胜任目前岗位的需求，但不一定会一直胜任。因为随着社会发展进步，每个岗位的胜任力需求也会随之做出调整。学习是在为自己的未来投资，在生涯发展的不同阶段，对每个人的知识能力都有不同的要求，需要我们通过不断学习去掌握应对本领。

子曰："性相近也，习相远也。"

孔子说："人先天具有的纯真本性，互相之间是接近的，但后天习染积久养成的习性，互相之间差异甚大。"

互联网时代的到来，打破了地域间的信息阻隔，让学习少了很多限制，同时让知识的更迭速度变快。只要一段时间不抓紧学习，互相间的差距就会很明显。比如，大学一年级时的同班学生，因大学四年不同的学习状态，毕业时的选择就会差异明显。

《论语》中提到的"习相远"的特点，在当今社会更加突出。因为新知识、新技术的推陈出新速度变快，人们对生活的诉求增长变快，都会导致人与人之间的差距增大。

即使我们在进入工作岗位时是一个拥有较高知识背景的人，但如果没有养成学习的习惯，几年时间就会遇到发展瓶颈。同样，即使我们在现阶段对某个领域知之甚少，但只要通过持之以恒的学习积累，也会脱颖而出。

依靠不断地学习，我们可以走得更远。朝着自己的目标去努力，让美丽的梦想变为现实。

有人会说，我将来也不想有什么大的抱负，不想成就大的事业，就想做个普通人。只要自己能拥有良好品德，做一个对社会无害的人，是不是就不用学习了呢？

想成为一个有良好品德的人，更要学习。学习让我们具备明辨是非的能力、具备逻辑思维的能力，只有通过不断学习，才能保证我们所遵守的道德标准没有因为自己认知的局限而出现偏差，进而产生不好的结果。

　　子曰："由也，女闻六言六蔽矣乎？"对曰："未也。"曰："居！吾语女。好仁不好学，其蔽也愚。好知不好学，其蔽也荡。好信不好学，其蔽也贼。好直不好学，其蔽也绞。好勇不好学，其蔽也乱。好刚不好学，其蔽也狂。"

孔子说："仲由，你听说过喜欢六种美德的人由于不喜欢学习，就要被六种害处所遮蔽的道理吗？"子路回答说："没有听说过。"孔子说："坐下来！我来告诉你。喜好仁德却不好学，它的害处在于会使你容易受骗。喜好智慧却不好学，它的害处在于会使你变得放荡。喜好诚实却不好学，它的害处在于会使你伤害自己。喜好直率却不好学，它的害处在于会使你说话尖刻。喜好勇敢却不好学，它的害处在于会使你容易叛逆。喜好刚强却不好学，它的害处在于会使你变得狂妄。"

仁德、智慧、诚实、直率、勇敢、刚强，这些都是我们想要追求的良好品德。但如果我们不注重学习，我们在追求良好品德的道路上反而会误入歧途，成为一个愚昧的人、放荡的人、伤害自己的人、说话尖刻的人、叛逆的人、狂妄的人，这一定不是我们的初衷。所以，如果我们希望自己是一个品格端正的人，就需要不断学习。

学习可以让一个善良的人明辨是非；学习可以让一个智慧的人明确人生追求；学习可以让一个诚实的人理解"义高于信"的道理；学习可以让一个直率的人懂得礼貌；学习可以让一个勇敢、刚强的人学会谦逊。

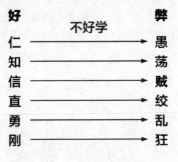

图 3-1 不好学的弊处

人不能像走兽那样活着，应该追求知识和美德。

——但丁《神曲》

学习虽是一件需要下苦功夫的事，但学习也能让一个人蜕变。学习能让我们成长为不一样的自己，一个更好的自己。

作为一个非"上智下愚"的普通人，我们需要通过学习而改变。由于互联网时代加快知识迭代的速度，导致"习相远"的效果不断加强，这就更需要我们通过学习而不断成长。同时，如果我们想要拥有良好的个人品德，也需要我们通过学习才能实现。我们有很好的初衷，但因为不注重学习也会让自己走弯路，摔跟头。

学习能带给我们很多好处，但在日常生活中，我们也被学习苦恼着。其实学习的很多苦恼都来自没有掌握好的方法，好的学习方法能帮助我们事半功倍。

下一节：死记硬背不叫学

子曰:"学而不思则罔,思而不学则殆。"

子曰:"温故而知新,可以为师矣"

子曰:"不愤不启,不悱不发。举一隅不以三隅反,则不复也。"

第十一节　死记硬背不叫学

大学毕业到达一定工作年限后,我们通常需要通过参加一些本行业的资格考试,获取相关行业资格证书,来提升自己的专业化程度,同时提升自身的职场竞争力。

比如,在建筑行业中,根据从事工作的不同,需要考取建造师、造价工程师、注册建筑师等行业资格证书。

小林工作3年了,目前在准备行业资格考试。

小林跟我说,"王老师,在职学习真的好累。忙了一天,回到家,还得看书。最要命的是,我发现我记不住这些知识。感觉这些文字都从眼前飘过,没进脑子里面去。"

　　"学习要想记得住，知识进入大脑后得加工的，不然学了半天，记不住，也用不上，学的过程也极其痛苦。"我说道。

　　"是的，我发现您平时给我们讲的一些知识，都能张口就来。挺佩服您是怎么记下来的。"小林回复我说。

　　我说："知识进入大脑后的加工过程，可以包括，分割成块，了解清楚每块之间的逻辑关系；附加案例，每部分内容结合工作生活实际中的例子来理解；记住特点，把最特色的关键词弄明白并记住，其他内容再跟随着展开。"

　　我接着说，"而且，你会发现，很多职业资格考试的内容，都需要和实际工作结合来作答，只背概念，不理解具体讲的内容，考试根本通过不了。"

　　小林说："嗯，是的，根本没有题库，没法靠背书来准备。"

　　我说："所以，学习是需要从认知到理解的一个过程。知识进入大脑后需要进行加工，加工后的知识才会被记住。这个加工的过程就是思考的过程，学与思相结合，才能真正学到知识。"

　　在学习的时候，我们会遇到一些苦恼。比如，看了好多书但记不住，看完了就忘了，等到用的时候还是不会。为了考试，强迫自己死记硬背很多知识点，考试一结束，这些知识因为在实际中不被常常使用，过段时间再问自己，就跟没学过一样。

　　学习的最终目的是运用所学知识解决我们成长过程中遇到的问题。如果记也记不住、用又用不上，学习的意义就大打折扣了。

　　但是，我们会发现有的人非常会学习：学得快、懂得多，并能很好地把所学的东西运用到实际中，这些人进步很快，着实让人羡慕。

　　学得快的人通常都掌握了学与思相结合的学习方法。要想将所学的知识为自己所用，能利用所学知识解决实际问题，我们就不能只是死记硬背，而是需要伴着思考去学习：学到的内容能否在日常被用到？学到的内容和其他知识有何联系？

　　在学习的过程中思考，不断总结归纳、理解感悟，并融会贯通，让所学的东西更好地用于解决实际问题。学就是摄取的过程，思就是消化的过程，只有学和思结合起来，才能给我们个人成长供给营养。

　　当今社会，不论是学习做人做事的方法，还是学习专业知识技能，都需要学与思的结合。《论语》中为我们阐述了学与思相结合进行学习的道理，并列举了一些好方法。

　　　　子曰："学而不思则罔，思而不学则殆。"

　　孔子说："只是一味地读书而不知道动脑筋思考，就会惘然无措；只是一味地空想而不读书，就会思维枯竭。"

　　读书时不去思考书中的含义，只是死记硬背或者为了学而学，不能理解书中所包含的意义，不能合理利用所学知识，就会陷入一种迷茫的状态。

学而不思 ── 罔

思而不学 ── 殆

图3-2　做不到学与思相结合的后果

　　我们的大脑其实并不擅长记忆，尤其不擅长对不理解的东西强行记忆。只有经过思考，将知识与实际结合，并能进行自我理解、归纳，融入个人知识体系后的知识，才能真正留在大脑中，才可以随时被我们调阅。

如何做到学与思相结合，避免出现学而不思则罔的情况，变死读书为活学活用呢？《论语》为我们讲述了两个好方法，一个是：温故而知新。

子曰："温故而知新，可以为师矣"

孔子说："温习从前的知识或经历，能够使自己的智慧得到提高、长进，这样的人就可以做老师了。"

对于已经学过的知识、经历过的事情，通过不断重温、思考的方法，进行总结提炼，并结合自己当下的认知加以消化、理解，让自己有所收益、有所提高。

学生时代，我们学到的知识会很多，看的书也很多。有些同学会觉得，自己早一两年学的知识都忘了，看过的书也没什么印象。实际上，要想让自己从学过的知识、看过的书中有收获，并不能只看一遍。第一遍是"学"的过程，当再回过头来重温，就是"思"的过程了。

很多进入职场后仍不断学习的青年人，学习的效率反而比学生时代高。因为在职学习者经常思考如何在工作中应用所学，让新学的知识迅速和之前的知识相融合，成为自身知识体系的一部分。"思"就是对所学知识的一个再加工过程，经过再加工之后的知识才真正是我们自己的。

现在很多人会分享自己的读书体会或撰写学习感受，企业中也经常会通过桌面演练的方法，复盘某项工作案例，这些方法实际上都是在"温故而知新"。通过这些方法，学习者在学习的基础上思考，让自己不断提高。

另一个让学与思相结合的好方法是：举一反三。

> 子曰："不愤不启，不悱不发。举一隅不以三隅反，则不复也。"

孔子说："不到他心里急于知道而不得，我不开导他；不到他想说而说不出来，我不启发他。给他指出了一个角，却不能推知另外三个角，我就不再重复教他。"

《论语》这段讲述的是孔子的教学方法，他提倡的"启发式"教学法，放到现在社会中仍旧需要倡导。

从学习者的角度，这段话也能让我们有收获。学生应提升自己学习的主动性。如果学生自己不主动学，孔子就不教。反思一下大学生们目前的学习状态，学习的主动性是否能达到因有些知识不会而愤、而悱吗？如果经常是只听老师讲，而自己不思考，那就一定不能成为孔子的学生了。

举一反三，是学与思相结合的好方法。从学到的一点，经过类推而知道其他的方面，做到由此及彼、触类旁通。如果平时都能这样学习，我们就会发现很多存在学习中的乐趣，也能让自己很有成就感。通过"学"而得到一，再通过"思"而得到三，如此反复，不断精进，就不会再出现不知为什么而学、不知学了有什么用之类的问题了。

在思考中学习，能够大大增加学习效果。当前，很多人利用思维导图来帮助自己进行学与思的结合，快速消化所学知识。

思维导图又称表达发散性思维的有效图形思维工具。思维导图运用图文并重的技巧，把各级知识主题的关系用互相隶属与相关的层级图表现出来，并建立记忆链接，同时利用图形、颜色来方便我们理解和记忆。

绘制思维导图的过程，就是我们的思考过程。将自己学过的一门课，或者掌握的某个领域的知识，用思维导图的方法，把各知识点之间的逻辑关系以及我们自己在学习知识过程中的理解进行完整地呈现，这个过程就是学与思相结合进行学习的过程。

在绘制思维导图的过程中，通过对已学知识的理解，加深自身认知；通过对一件事的思考，启发出其他相关领域的链接，这和《论语》中提到的"温故知新"和"举一反三"的做法相吻合。

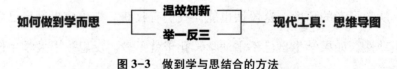

图 3-3　做到学与思结合的方法

学习任何知识，掌握任何技能，都离不开学与思的结合。学与思相辅相成，"学"是基础，人类社会不断发展进步，积累了很多知识财富，需要我们了解、掌握。"思"是融会、是创新，是更高层次的"学"，通过"思"的过程，将知识归纳整合，并结合时代特点加以创造、推广。

学与思的结合，能够提高学习效率，促进学以致用。不思考，就不能算真正学到了知识。但思考过多，也会对学习、成长造成障碍。

下一节：多思无益

子曰:"我尝终日不食,终夜不寝,以思,无益,不如学也。"

季文子三思而后行。子闻之,曰:"再,斯可矣。"

第十二节　多思无益

"王老师,我们这个专业,听好多人说,毕业后没有单位能去。我又是女生,他们都说女生不好找工作。我一想到这些,就焦虑。每天烦得不行,没心思做任何事。"

"毕业后的出路,确实是很重要的问题。能这么早就开始考虑,说明你是一个对自己负责的人。既然这件事这么重要,而且让你如此焦虑,你为了毕业后的出路问题,做了哪些准备?采取了哪些与此相关的行动呢?"

对面的人,坐在那里一言不发了。

只思考但不行动,只会始终陷入思想的困局中。

上一节中我们谈到只知道学习而不知道思考,学习不会有好效果;同样,只思考而不学习、不实践也没法解决问题。

不读书、不实践，不长见识、不做尝试，只在那里空想，思维局限就会越来越大。时间久了，自己就变成了井底之蛙，除了在那里原地打转外，没别的能做的了。

大学期间本就是好好学习、提升能力的时候，有些大学生却过多地一味空想自己应该选择什么发展方向，将来做什么工作等问题，而让自己积极探索未知的脚步变得沉重，甚至停滞。因为没想清楚这些问题，导致学习没有动力，不思进取，这就得不偿失了。

要想弄明白这些问题，恰恰应在学习、实践中找答案。

子曰："我尝终日不食，终夜不寝，以思，无益，不如学也。"

孔子说："我曾经整天不吃饭，彻夜不睡觉，思考问题，但没有什么好处，不如去学习。"

我们看到孔子也会遇到很多思考不明白的问题。另外，我们也知道了孔子面对这种情况时给出的判断：无益；并提出了改进方法：学习。

一味地思考又得不出答案，再继续思考也是无益，不如先放一放，学习些新的内容。

以思 ——做出的判断——> 无益 ——改进的方法——> 学习

图 3-4　多思无益不如学

我们在青年时常会有这样的迷茫状态：不知道自己所学的知识有什么用；不知道未来在哪里，所以不知道学什么。因为一直没有得到满意的答案，青年人有时甚至就懈怠学业，初入职场的人则会烦恼焦虑。

过度的思考会对成长产生影响，出现"思而不学则殆"的情况。

学习是一个人成长、蜕变的过程。通过学习，我们的视野更开阔、格局更广、思考问题更深刻，对问题的看法也会随之发生改变。通过学习，我们可以博采众长，实现触类旁通；可以通过他山之石，攻己之玉。在不断学习实践的过程中，才能对久思不得其解的问题找到答案。

季文子三思而后行。子闻之，曰："再，斯可矣。"

季文子凡事要思考多次才能行动。孔子听后说："思考两次也就可以了"。

孔子一贯倡导谨言慎行，但他也认为过于谨慎则会导致人做事犹豫不决，畏首畏尾。

这段文字中的"三"和"再"都是虚数，"三思而后行"，指的是经过反复思考以后再行动，并不是思考三次或者从三方面思考；同样，"再，斯可矣"，也不是说两次就够了，而是强调行动的重要性。正所谓，"事有不必再思者，亦有不止于三思者"。不假思考的莽撞行为会给自己带来麻烦，但过多的思虑同样会影响我们的行动。

现在人们很容易发生思虑过度的情况。在面对一些决策时，容易因思虑过度而不知如何选择。

在《斯坦福大学人生设计课》一书中讲到，人们的决策同时受到感性和理性两方面的影响。我们决策的目标其实是感性的，追求的是我们心中的幸福感、满足感和人生的意义感，这些都由每个人自身的主观评价决定；我们在收集和创建决策选项的时候是理性的，我们都希望穷尽所有的选项，和每个选项背后的所有优劣，但这是根本无法完成的任务，也就会导致我们在决策时容易陷入思虑过度。

书中介绍了一个"果酱实验"很有意思。在一家零售店内，研究人员摆出了6种不同口味的果酱，有40%的顾客停下来试吃，有13%的顾客购买了其中的一种。几周后，研究人员在同一个时段摆出了24种口味的果酱，这次，有60%的顾客停下来试吃，但只有3%的顾客购买了其中的一种果酱。

当我们只能做出一种选择时，拥有太多选项就不是一件好事，选项太多就成了困境。

书中建议我们不要苦苦思索自己的选择是否就是最正确的，而是对选项放手，就像选择果酱一样，就当只有6种口味可选，然后选择了一种，而另外的18种口味，就当根本不存在一样。

认定自己的选择就是明智的，而后努力前行，学会专注、不断提高自己能力，获得幸福感和满足感，不后悔自己做出的决定。

同时，过度的思考还会降低我们的创造力。印度作家拉杰·洛格纳汗在《幸福的科学：如何获得持久幸福力》一书中提到，人们最具创造性的灵感往往都是源于潜意识。过度思考有时不但不会帮助我们产生想法，还会分散我们的注意力，让我们无法利用自己的潜意识，从而阻碍创造性思维的形成。

我们可以结合《论语》和《斯坦福大学人生设计课》中的内容，控制自己对选项的过度思虑，不用过多追求最好的选择，而是在一定的选项范围内，选择最适合自己的，用持续的学习、实践来提高自己的能力，实现自己的目标。

　　不少大学生在成长中会因为过度思考而让自己行动力减弱，大家总是希望能够想清楚最理想的结果后再开始行动。其实很多结果都无法完全预测，经过一定的思考，发现哪些事情是自己当前最想去做的，那就不妨努力尝试起来。在体验中，不断了解自己，不断提升认知。也许我们心中的梦想并不清晰，但向着梦想前行的过程一定是美好的。

　　学习是个苦差事，不仅要学，还得边学习、边思考，更需要投入很多时间和精力。我们羡慕那些对某个领域拥有持续兴趣的人，很希望自己也能在热爱的领域努力地翱翔，但自己的兴趣在哪里呢？为什么我没法保持持续的兴趣呢？

　　下一节：培养兴趣是一种能力

子曰："知之者不如好之者，好之者不如乐之者。"

子曰："我非生而知之者，好古，敏以求之者也。"

子曰："默而识之，学而不厌，诲人不倦，何有于我哉？"

第十三节　培养兴趣是一种能力

一些青年人会因找不到学习的兴趣而苦恼，总觉得这也无趣、那也无趣。好像兴趣会躲在某个角落等着自己去发现似的。兴趣是培养出来的，培养兴趣是我们需要通过努力练习才能掌握的一种能力。

"老师，大学生活太无趣了。每天上课学的东西，我觉得都没用，自己也不感兴趣。天天就是混来混去的。"

"噢？那你说一件你做着很感兴趣的事情。"

"我对跟人交流沟通感兴趣。"

"那你加入学生会了吗？跟一群人一起交流，开阔眼界，锻炼一些组织协调能力。"

"我不喜欢加入学生会，我觉得我跟陌生人在一起不太爱表达。相比来讲，我应该更喜欢独自待着。"

"自己待着，干点什么喜欢的事呢？"

"看看书，看看电影。"

"不错。你每年能读多少本书呢？不管是涉猎各方面或者偏重某一方面都可以。不管看书还是看电影，尝试写了些感受或点评吗？逐渐让自己在某些方面有深入的知识积累。"

"唉，我没看几本书。经您这么一说，看来我对看书和看电影也不是那么感兴趣。我想问您，是不是我对兴趣的理解有些问题？"

"是的。其实兴趣并不是与生俱来的，兴趣是培养出来的。在我们精心的培养中，兴趣会从一个小苗长成参天大树。"

大学是我们学习新的知识的绝佳阶段，我们很向往自己拥有一个特别感兴趣的学习领域，废寝忘食地投入其中，享受那种时间流逝飞快、自己因学到新的知识而欣喜的状态。

但在现实中，自己一时又找不到这样的领域，总是对自己或身边的人说："我要是对一件事感兴趣，我就一定会努力学的。但我现在没找到，所以目前没法投入学习。"

之所以会说出这样的话，是因为我们还没理解清楚兴趣的培养需要一个过程。

兴趣并不是等出来的，而是培养出来的。培养兴趣需要一个过程。一件让自己全情投入的事、一个可以毕生追求的领域都不可能一下就被找到，只有在培养兴趣的过程中不断探索，才能找到兴趣，感受到乐趣，达到乐在其中的境界。

对于兴趣培养的过程，《论语》中的话能给我们带来启发。

子曰："知之者不如好之者，好之者不如乐之者。"

孔子说："知道它的人不如爱好它的人，爱好它的人不如以它为乐的人。"

《论语》这段话为我们阐述了学习的三种不同境界：知之、好之、乐之，层层深入、循序渐进。

"知之者，知有此道也。好之者，好而未得也。乐之者，有所得而乐之也。"

此话能够帮助我们加深对学习的三种不同境界的理解。

对于青年人而言，接触新的知识，对新的知识产生兴趣，进而激发学习热情、主动学习、主动求真，是我们都希望追求的一种状态。

然而，如果我们在那里等着一个自己喜欢的新的知识出现，并以为一开始学习就能对其产生兴趣，这是不太可能的。《论语》中讲述的从知之、到好之、再到乐之的过程，就是我们兴趣培养的过程。只有走过这个过程，才能享受乐在其中的状态。

知其所知是前提。学习任何一门学问，我们不可能开始就谈喜欢不喜欢、热爱不热爱，先要做到第一个层次：知之。有所知才会有所好，有所好才会有所乐。随着学习的深入，让我们了解自己之前未曾涉猎的领域，我们才有可能发现和培养自己继续学习的兴趣，从而从"知之"变到"好之"，而后在热爱的领域继续学习，找到价值意义，进而从

"好之"再变到"乐之"。

有些青年人一开始就表现出对所学专业的不喜欢，认为自己没有兴趣，所以无法深入学下去。而老师们往往会告诉他们，这个专业很广阔，有很多不同的领域可以去研究，这些领域不一定都不适合自己，不要在刚一接触时就武断地认为自己不喜欢、没兴趣，而后就自暴自弃。

用《论语》来为青年人的求学之路做解释：要想在某一门学问领域成为一个"好之者""乐之者"，首先要成为一个"知之者"。只有学习了相关知识，了解了这门学问的研究内容和发展方向后，才有机会找到自己喜欢的领域，继续深入学习下去，才有可能成为"好之者""乐之者"。

任何一个在某个领域有所成就的人，都是一个"乐之者"，都发现了在此领域钻研下去的乐趣。我们往往只会看到一个人成为"乐之者"的样子，而忽略了其从"知之者"到"好之者"再到"乐之者"的成长路径。

成为"乐之者"，需要一个过程，需要我们孜孜不倦的追求。书山有路勤为径，学海无涯苦作舟，只有经历一段刻苦努力的学习过程，方能成为"乐之者"。

在培养学习兴趣的过程中，有没有什么好的方法可以借鉴呢？

子曰："我非生而知之者，好古，敏以求之者也。"

孔子说："我不是天生而有知识的人，我是喜好古代文化，并勤勉追求学习的人。"

86

孔子被世人膜拜，追随者甚多，他的思想也影响着世世代代的华夏儿女。在很多记载中，显示出孔子有神奇的预见力。孔子对此做出了回答，他认为自己之所以能对世事有所预见，是因为他知识广博，而他广博的知识来自日常的学习和积累。"好古，敏以求之"就是他对学习古代文化感兴趣，并通过不断学习而成为一个有知识的人的方法。

对一件事有兴趣并不难，难的是一直有兴趣，并能在兴趣的带领下不断学习提升。对某件事一瞬间的兴趣，我们不要贸然说对其有兴趣。兴趣需要配上一段时间来考验，需要一个不断朝着这个自己有兴趣的领域求索的过程。

很多青年人都会在学生时代对一些事情感兴趣，但对兴趣投入的时间并不长久，过了一段时间兴趣就减退了。想对一件事保持持续的兴趣，需要将兴趣和求知结合起来。我们对一件事感兴趣，起初会觉得自己在做这件事时很开心，能够展现自己某方面的才华。但随着接触，就会发现其中还有很多需要我们去学习、去提高的地方，需要我们自觉求知，才能培养成自己的兴趣。

《论语》告诉我们，对某件事的"好"需要和"敏"结合在一起，才算我们真正在培养兴趣。孔子"好古"并"敏以求之"，在这样的过程中不断感受知识的魅力。

"敏而好学"的道理在《论语》中被多次提到，兴趣需要"敏而求之"的行动来培养。

在朝着自己的兴趣"敏而求之"的过程中，一定会遇到很多挑战。只有做到"默而识之、学而不厌"，我们才能说自己在这个领域有兴趣，才能成为一个"好之者""乐之者"。

子曰："默而识之，学而不厌，诲人不倦，何有于我哉?"

孔子说："把学习的内容默默地记在心里，努力学习而不厌倦，努力教诲学生而不知倦怠，我还担心什么呢?"

这段话是孔子对自己的勉励。前两句很好地解读了一个人的求学之路。尽管孔子对学习是很有兴趣的，但也需要经历一个"默而识之、学而不厌"的过程。很显然，这是在告诉我们求学的过程需要独自静默的坚守，需要持之以恒的态度。当我们认为自己对某个领域感兴趣后，不会每一天都会取得成绩、认可，更不会总是被激励、被鼓舞。在自己朝着兴趣之路"敏而求之"的时候，我们要保持好心态，做到《论语》中提到的"默而识之""学而不厌"。

"默而识之"，求学的过程都需要这样的蛰伏期，自己默默地、一点点地记下，掌握相关的知识、技能。在疲惫甚至是迷茫的时候能"学而不厌"，让自己坚持下来。

国内著名生涯规划师古典老师在《你的生命有什么可能》这本书中对兴趣进行了解读。他认为兴趣并不是一种天赋，而是一项自我管理技能。那些生活得有趣的人，往往是掌握这项自我管理技能的人，他们能从工作、学习、生活中发现自己感兴趣的部分，并不断培养自己的兴趣。

古典老师在书中将兴趣分为三个阶段：感官兴趣、自觉兴趣（乐趣）、潜在兴趣（志趣）。

第一阶段的感官兴趣是通过直观的感官刺激产生的兴趣，是我们最

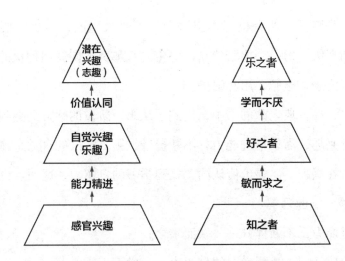

图3-5 《论语》与《你的生命有什么可能》中兴趣三阶段的对比分析

原始的兴趣。要想培养出一个兴趣，首先我们要在日常的生活中找到自己感兴趣的点。

　　第二阶段的自觉兴趣（乐趣）是在情绪参与下，把兴趣从感官推向了思维，也由此产生了更加持久的兴趣。到了乐趣阶段，我们不需要别人的推动就会非常自觉地在这件事情上投入精力和时间，这让我们慢慢地精通某项能力，打开某个领域的大门。在这个领域里，我们拥有了让自己变得有趣的内在源泉，不管别人如何，我们自得其乐。

　　第三阶段的潜在兴趣（志趣）是一种更加强大而持久的兴趣，但凡能持续一生的兴趣都属于志趣。当乐趣向着志趣这个阶段发展的时候，我们会用这件事情产生的自我认同的价值来激发自己继续做下去的兴趣，并继续提升自己在这个领域的能力。

　　古典老师在书中讲述的兴趣三阶段与《论语》中"知之者不如好之者，好之者不如乐之者"可以结合在一起理解。两者都将兴趣培养分为了三个阶段；两者也都指出兴趣并不是天生的，而是需要不断培养、不断晋级。每一个能陪伴自己一生的兴趣都如同我们种植的花朵一样，需要浇水、施肥，用心呵护。

同时，在古典老师的书中，提到了从第一阶段的感官兴趣到第二阶段的自觉兴趣，需要精进能力，不断提升；第二阶段的自觉兴趣到第三阶段的潜在兴趣，需要价值认同，找到学习的自驱力，这两点也可以结合《论语》一起理解。

精进能力，不断提升——敏而求之；

靠价值认同，找到学习的自驱力——学而不厌。

兴趣是最好的老师，培养学习的兴趣，方能事半功倍。希望我们都能用心培养属于自己的兴趣，牵引着自己，做一个好学之人，感受学有所成的快乐，发现生命中的美好。

在兴趣培养的过程中必然会伴随能力的提升，应怎样看待自己能力中的欠缺部分？又应从哪些方面提升能力呢？

下一节：不给能力提升设障

子曰："知之为知之，不知为不知，是知也！"

子曰："工欲善其事，必先利其器。"

子曰："君子不器。"

第十四节　不给能力提升设障

学生小薇，上学期间一直是一位品学兼优的学生。从大一到大三，一直荣获学校一等奖学金。大四，她选择考取国内著名高校的研究生作为自己下一步的发展目标。

当小薇在对方高校上了一个月专业课复习辅导后，我在学校见到了一脸忧郁的她。我问她发生了什么事？

小薇说："我去上课，周围的同学太优秀了。老师出的很多题我都不会，但我周围的同学总能答出来。"

我说："你在优秀的群体里，发现了自己的不足？"

小薇回答："我不是发现了不足，是发现我什么都不会！"

我回复说："到了新的领域，难免会有不适应。即使你觉得现在自己变得什么都不会了，也是因为之前的积累达到了一个程度，才迈到这个台阶上来的。面对一个新的领域，要有重新开始的勇气，就当是从一无所知开始学。"

随着我们知识、阅历的增长，我们慢慢增加对世界的认知。随着学习的知识越来越多，我们也会发现自己不知道的知识也变得越来越多，然后我们继续学习、继续增加认知，在"知道——不知道——知道"的循环中，不断提升自己。

子曰："知之为知之，不知为不知，是知也！"

孔子在教导弟子时说："你知道你所知，又能知道你所不知，才算是真知。"

知是不知的开始，不知是知的开始。人类必先有所知，乃始知其有不知。

从我们睁开双眼看到这个世界时，就开始了对世界的认知。小的时候，一切都是那么新奇，认知新鲜事物是我们的本能，在本能的驱使下，我们学会了很多东西。

随着不断长大，认知的新鲜事物多了，有了自己对事物的判断和一定的知识储备，我们可能会放慢自己认知世界的脚步，不再关注新的知识了。

我们可能会给身边的人或事贴标签：认为某个人就是一个什么什么样的人；有人刚跟我们说一件事时，我们就会说，"这个我知道，不就是什么什么嘛"，而后就不再深入了解了。

或者守在自己的小天地里，不关心周围的变化：每天做着熟悉的工作，觉得小富即安的日子挺好。而后突然有一天，自己被行业淘汰了，但在这之前还浑然不知。究其原因，是自己掌握的知识已经落伍了。

不要因为有所不知而恐慌，也不要因为知之而觉得自己无所不知，不断学习积累、不断认知世界，是我们每个人每天的功课。

"故君子知之曰知之，不知曰不知，言之要也；能之曰能之，不能曰不能，行之至也。言要则知，行至则仁；既仁且知，夫恶有不足矣哉！"——《荀子·子道》

这段话是对《论语》"知之为知之，不知为不知，是知也！"的解读，提醒我们应时刻保持谦虚谨慎的学习态度。

以"知之为知之，不知为不知"的态度在求学道路上不断钻研，不因已知而过分自喜，不因不知而过分自卑，谦虚谨慎、踏实前行，我们的求学之路才会越走越宽广。

立足社会，我们通常会说，人要有一技之长。在求学的过程中，我们应努力打造自己的一技之长，让自己成为一个能为社会做出贡献的人，才能在社会中收获个人价值。

子曰："工欲善其事，必先利其器。"

孔子说："工人欲完善他的工作，必先快利他的器具。"

孔子的弟子向他求教如何追求仁的理想，孔子用到了这个比喻，意在告诉弟子，要先有德，注重提升个人修养，而后再去追求仁的理想。

　　有其德而后可以善其事，犹工人之必有器以成业。

——三国魏何晏《论语注疏》

　　当前，我们也可以用"工欲善其事，必先利其器"来鞭策自己，努力求学，练就成业的利器。

　　在高校生涯教育阶段，青年人都会对自己的未来有很多美好的愿望，有些青年人会懂得一步一步踏实努力去实现自己的愿望，也有些青年人过多的将注意力聚焦在对未来的期望上，却没有细想自己是否具备能收获这些愿望的能力。到即将毕业的时候，发现自己根本不满足一些单位的用人条件，或者无法取得继续深造的入学资格，梦想也就成了"做梦时想想"。

　　参加工作后，更要有提升个人能力的意识。需要我们利用很多业余时间进行"充电"，不断打磨自己立足职场的本领。

　　《论语》中强调的"利其器"是提升自身的品德修养。在当前社会，"利其器"也指提升自身品德修养，同时扩大到知识、技能等方面的同步加强。在现代社会中，我们应如何理解这个"器"呢？

　　美国心理学家辛迪·梵和理查德·鲍尔斯将经过学习和练习而培养形成的能力分为三种类型：专业知识技能、可迁移技能和自我管理技能。

　　专业知识技能是需要经过有意识的、专门的学习才能够获得，常常与专业学习或工作内容直接相关，是不能够迁移的。我们在大学期间专业课程学习的知识，大多属于专业知识技能。

专业知识技能在职业生涯的初级阶段起到的作用非常大。企业会根据我们所拥有的专业知识技能来划定初始的岗位类型，比如我们所学的专业是经济学、土木工程或者新闻学，就会对应不同的岗位类型。

可迁移技能是个人所能做的事，是个人最能够持续运用和最能够依靠的技能。可以从工作、生活的各个方面得到锻炼和发展，可以从一个领域迁移到不同领域加以使用。

可迁移技能在职业生涯的发展阶段起到的作用非常大。企业会通过我们在具体工作中所表现出来的解决问题的能力来进行评价、铺设我们的发展通道。可迁移技能通常包括：团队合作能力、语言或文字表达能力、组织能力、沟通协调能力等。

自我管理技能经常被看作个性品质，它的获得需要持久的练习，是个人完成工作不可或缺的品质，也是个人最有价值的资产。自我管理技能中包含很多个人品德修养的内容，这些内容，在职场中也被企业高度看重。

职业生涯发展越久，自我管理技能的作用越显著。自我管理技能包括责任感、逻辑性、条理性；吃苦耐劳、认真踏实、善于合作等个人品质。在每个人职业发展的过程里，重大选择、面对逆境、持久坚持、积极主动等都由自我管理技能决定。

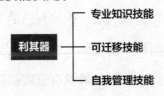

图3-6　《论语》与能力的三种类型相结合

不论是在高校生涯教育阶段，还是在职场中，我们以"工欲善其事，必先利其器"来鞭策自己努力提升自身全方位的能力。同时专业知识技能、可迁移技能和自我管理技能的分类，能够帮我们更清晰认识自身所具备的能力，并为下一阶段的能力提升制定具体、明确的计划和实施方案。

以"利其器"为目标，我们积极提升自身能力。在这个过程中，还需要注意对知识、技能的全面涉猎；注意不要只关注专业知识技能和可迁移技能，应注重对个人品德的不断提升。

子曰："君子不器。"

孔子说："一个君子不像一件器具，只供某一种特定的使用。"

人应当怎样立身处世？怎样才能使人生之路更加坚实而宽广？"君子不器"，一方面，是告诉我们，不应只专注一种能力，让自己的格局变窄；另一方面，是提醒我们，应该有自己的价值判断，不要仅成为一个被使用的器皿。

这就更需要我们在日常的工作、学习、生活中不断注重自身能力的提升，从增长知识、锻炼技能、培养品格三个维度，让自己拥有更广阔的视野和格局。

毛泽东在湖南第一师范读书时，曾和自己的老师杨昌济有过一段关于学习的讨论。毛泽东问杨昌济老师，在自己上学的阶段，应该注重学习哪些知识？提升哪种能力？杨老师没有直接回答，而是拿毛笔在纸上写下了四个大字"先博后渊"。杨老师解释说，在青年人成长阶段，广阔天地，每一种知识、每一份能力都值得学习，不要用"哪些知识""哪种能力"将自己束缚住，而是广泛涉猎所有的知识和能力，并积极开展社会实践。只有博采众长，才能触类旁通；如果只关注"某些知识""某种能力"，则会导致思想狭隘，粗陋浅薄。

按照《论语》中"君子不器"的教导，我们在提升能力的过程中，不局限某个单一领域，并同步提升自身品德修养。"先博后渊"是我们避免局限的好方法。以此为指导，在提升我们各项能力的同时，更能让我们拥有广阔视野，在更大的格局下，审视自身的定位。

不器 —— 格局

利其器 —— 能力

知之为知之 —— 态度

图 3-7　《论语》与自身提升的三个维度

"君子不器"是在提醒我们要用大格局来看待学习，不局限于一处一时；"工欲善其事，必先利其器"是在提醒我们日常学习中要注重培养我们各方面的能力；"知之为知之"则是在提醒我们以不断探究未知领域的态度学习、成长。

每个人都有自己擅长的领域、都有自己对事物的独到看法。如何能让我们在与他人交往的过程中，学到更多？在向他人学习的过程中，又应注意什么？

下一节：身边的人皆可为师。

子曰："三人行，必有我师焉：择其善者而从之，其不善者而改之。"

子曰："盖有不知而作之者，我无是也。多闻，择其善者而从之；多见而识之。知之次也。"

子贡问曰："孔文子何以谓之'文'也？"子曰："敏而好学，不耻下问，是以谓之'文'也。"

第十五节　身边的人皆可为师

每个学期，我都会邀请已经毕业的学生回校，和在校青年学子做交流。

曾有学生这样跟我说："王老师，这些学长学姐真优秀，我要以他们为榜样，向他们学习。"

我说："他们也没多神乎，也都有自己的烦恼和迷茫，也遇到了不少坎坷。"

学生问："是吗？我觉得他们每件事都处理得非常好，给我很多启发。"

我说："能以他们为榜样，挺好的。督促自己继续努力。但也要意识到，他们上大学的时候，就和你们差不多。在我看来，需要学习的是他们身上拥有的一些好习惯，比如认真、勤奋、善于树立目标、懂得坚持。经过这些年慢慢积累，他们就成了现在的样子。"

学生说："您说的这一点，我之前没有关注到，只是关注到了他们现在取得的成绩，希望自己也能像他们一样拥有这些成绩。但仔细想想确实是，谁也不可能一下就成为现在这样。您的意思是，我们应该多关注他们是如何成为这样优秀的样子的，学习那些让他们变得优秀的好习惯，对吧？"

我说："是的。我们应该多去向他人学习日常的好习惯，学习那些自己也应做到，但别人已经做到了；自己本应坚持，但别人一直坚持的事。"

学生说："王老师，希望您经常请一些学长学姐回来做交流。跟他们学习，我们收获很大。"

我说："请他们回来，偶尔听他们讲一次，不如多向身边的人学习，每天在一起，容易观察和时刻提醒自己。"

学生说："但我觉得，我们同学之间，都差不多，没什么值得互相学习的。"

我说："就像咱俩刚才探讨的，最应向学长学姐学习的，也是一些小习惯，那你身边的人是否也有很多好的习惯值得我们学习呢？能学习的人越多，激励自己、督促自己的动力就越大。"

我们会更愿意选择那些和我们有一点距离、取得了一定成绩的人为榜样，但因为距离远，这些人往往无法在我们的日常学习生活中给予具体指导和帮助。

向身边和我们朝夕相处的人学习，在日常的点滴中，不断让自己有收获、有成长，能给我们带来的帮助更大。

能否向身边的人学习，并不取决于身边的人有多优秀，而取决于我们是否善于向他人学习。

善于向他人学习的人，成长才会更快。那么，应如何向他人学习，提升自己呢?《论语》为我们提出了很好的建议。

第一个建议是保持向人学习的态度。在我们的身边，"必有我师"。

子曰："三人行，必有我师焉：择其善者而从之，其不善者而改之。"

孔子说："三（数）人中，必然有可以做我老师的：选择其善的地方而跟他学习，那些不好的地方就提醒自己改正。"

这里的"三"是虚指，可以是三两人，也可以是一群人。《论语》这段话是在告诉我们在和别人交往的过程中，自己可以学到很多东西。不论是发现别人做得好的地方，还是做得不够好的地方，都能帮助到自己，促进自身学习提高。

在高校学习生活中，能遇到很多老师、同学，也能通过网络了解到很多人的行为做法；进入职场后，更会和自己的上级、下级、团队成员、合作对象打交道。我们会发现，身边每个人都有优点和缺点。在看到别人优点时，我们如果认为"这有什么了不起"，在看到别人缺点时认为"这人真差劲"，我们往往看不到身边人的闪光点，也意识不到通过与他人交流如何帮助自身成长。如果像《论语》里教给我们的那样，"择其善者而从之，其不善者而改之。"就能从身边的人身上学到很多东西。

以"择善从之，不善改之"的态度与人相处、交流，能够帮助我们在与人交往的时候更关注如何提升自身修养、增长自身才干，而不是急于证明自己比别人强。保持"择善从之，不善改之"的态度，能让我们向身边的人学习，从而不让自己陷入故步自封的境地。

小武是个很开朗的人，朋友聚会时，只要有他在，气氛就很好。

在一次和我聊天时，他提到了自己遇到的烦恼。

他跟我说他都不想去参加朋友聚会了。我问他原因，他说，每次聚会都是他在那里不停地说呀说。时间久了，他觉得自己没什么新鲜事要说了，越说越觉得无聊。而其他人都不愿意多开口说话。

他觉得这样的聚会很没劲，因为聚会本来应该通过彼此的交流让大家都有收获，结果现在是他自己一个人使劲说，自己没什么收获，别人也不愿意多和他交流，这样的聚会就没什么意义了。

我问他，这些朋友之间是不是也不说话。他们是不是就是不爱说话的人。

小武说，也不是。这些人之间会聊一些彼此关注的话题。

我说，那你就看看是不是自己的一些说话习惯会影响到彼此间的沟通。

经过我俩复盘，小武发现，他比较爱说话，所以在朋友说一个事情时，不管他知道多少，都要积极参与，把话题抢过去。时间久了，大家

101

就不多说话了。

　　自己表达的太多，尤其是在并不擅长的领域也习惯多发言，就会失去通过与人交往而向身边的人学习的机会。

　　第二个建议是调整与人沟通的习惯，做到"多闻，多见"。

　　　　子曰："盖有不知而作之者，我无是也。多闻，择其善者而从之；多见而识之。知之次也。"

　　孔子说："可能有明明不知道却还要妄自创作的人，但我不是这样的人。多听，选择其中好的加以接受；多看并且理解、记住。这是求知的次序啊。"

　　当自己并不知道一件事应该怎么做时，就不要贸然地去表达观点或采取行动。"多闻，多见"是《论语》为我们提出的向他人学习的建议。

　　如果一个人在人群中明明对讨论的话题并未全然知晓，却还是口若悬河的讲述自己的观点，不去多听听别人的想法，自然不会有提升；如果一个人对某件事并没有完全把握，却充当专家去操作，不去多看看别人的做法，自然也不会有提升。

　　能做到"多闻，多见"，就需要我们在沟通中把焦点放到其他人身上，从别人的言谈中学习新的知识、了解新的见闻，通过观察他人的行为处事方法让自己受益。如果我们在与他人沟通时，只把焦点放到自己身上，则很难能做到"多闻，多见"，我们有可能会通过只言片语判断他人的观点是否和自己一致；或者打断他人话语发表自己的观点；或者简单判定对方的做人做事方式有哪些不足。

焦点放到自己身上，是为了证明自己；焦点放到他人身上，才会"多闻，多见"，才能向他人学习，才能让自己提高得更快。

在向他人学习的过程中，还有什么需要注意的地方呢？

第三个建议是学习对象不分长幼，做到"不耻下问"。

> 子贡问曰："孔文子何以谓之'文'也?"子曰："敏而好学，不耻下问，是以谓之'文'也。"

孔子的学生子贡问："孔文子何以得谥为'文'呢?"孔子说："他为人聪敏，爱好学习，不以向不及自己的人求教为耻，所以得谥为'文'。"

在求学期间，我们会有师弟师妹，随着工作阅历的增加，还会有下属，逐渐我们会变成有一定工作经验的人。在面对年龄比自己小、职位比自己低，经验比自己少的人时，我们是把自己抬得高高在上，还是应像《论语》教导的这样"不耻下问"呢？

面对在某些方面不如自己的人时，我们容易不自觉地认为应该是自己教给对方知识或方法才对，但其实每个人都必然有他的优点值得我们去学习。当发现对方哪方面做的确实很优秀时，不设置所谓的高低之别，虚心求教，才是我们该做到的。

让我们能以"三人行，必有我师焉"的态度面对身边的人，做到"择善从之，不善改之"；能以"多闻，多见"的方法虚心学习，而不会"不知而作"；勇于向不如自己的人求教，做到"不耻下问"。

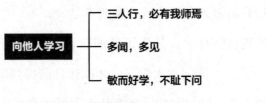

图 3-8　从三个方面做到向他人学习

　　运用《论语》教给我们的"三人行必有我师""多闻，多见""不耻下问"三个建议向他人学习，能让我们在与人交往中受益良多。平时，我们知道学习的重要性，也懂得向他人学习的道理，但有时却不懂得珍惜时间，觉得可以"等明天"，结果错过了很多学习、成长的机会。

　　下一节：不做无秀之苗，不成无实之秀

子在川上曰：“逝者如斯夫，不舍昼夜。”

子曰：“苗而不秀者有矣夫！秀而不实者有矣夫！”

子曰：“后生可畏，焉知来者之不如今也？四十、五十而无闻焉，斯亦不足畏也已。”

第十六节　不做无秀之苗，不成无实之秀

笑笑本科毕业时成功考上了一所著名高校的研究生。

在给同学们分享经历时，有人问：“师兄，都说这所大学的研究生很难考，你觉得到底难在哪里呢？”

笑笑说：“我觉得之所以觉得难，还是因为我们不够努力，不够珍惜时间。”

笑笑说他看到很多优秀的大学生每天都把时间安排得很紧凑，做很多不同的尝试，拓展知识、锻炼能力。这些同学不太会去关注客观因素的不足，而是把注意力更多地放在如何在有限的时间里更好地提升个人素质上。

时间对每个人都是公平的，每个人都需珍视时间。也许有时我们会抱怨外在的环境对自己成长的影响，但这种影响不会发生在每一天、每一刻，我们对时间的珍惜，却能在每时每刻帮助到自己。

子在川上曰："逝者如斯夫，不舍昼夜。"

孔子在河岸上说："流逝的时光像奔腾不息的河水一样，日夜不停。"

面对奔滔江水，孔子阐述了自己对韶光易逝的无奈，对短暂人生的留恋。提醒我们应珍惜稍纵即逝的时光，在有限的生命历程中做些更有意义的事。不因时光虚度而懊悔，不因年华已逝而无奈。

时间流逝得很快，如河水一样，日夜不停。朱熹在对此话的注解中，将意思概况为四个字"进学不已"，意在提醒我们珍惜时光，不断学习。

看着奔流的黄河，孔子发出这样的感叹是因为他的心中有要追求的理想，希望自己能抓紧时间做自己想做的事情。我们也是如此，如果心里有想要实现的梦想，就利用好如河水一样奔流的时间，不断探索、不断实践。

时间，天天得到的都是二十四小时，可是一天的时间给勤勉的人带来聪明和气力，给懒散的人只留下一片悔恨。

——鲁迅

在高校生涯教育期间，看似每位青年都一起学习、一起生活，拥有同样的时间，但总会发现有些青年能学到更多知识，做很多实践尝试，锻炼多样能力，将学习生活安排的丰富多彩；而有些青年却如鲁迅所说那样，在高校生涯教育即将结束时留下很多遗憾和悔恨。

盛年不重来，一日难再晨。青春是最美的年华，如何抓住这段最美的时光去历练、去探索、去学习、去体验，是摆在每位青年学子面前的课题，需要大家认真思考。

如果不注意抓紧时间，肆意挥霍，错过了就没法回头，只能留存遗憾。在这方面，《论语》为我们举了很多生动的例子，鼓励年轻人，珍惜时间、发奋学习。

子曰："苗而不秀者有矣夫！秀而不实者有矣夫！"

孔子说："长苗而不开花吐穗的有呀！开花吐穗而不结果实的有呀！"

植物生长并不是一定会开花，如果养分不足，错过了开花的季节而没开花的植物是有的，如果阳光不够，错过了收获的季节而没有结果的植物也是有的。孔子借用植物生长的规律来告诫我们要珍惜时光、抓紧努力，在该开花时开花、在该结果时结果。

青年人拥有人人向往的青春年华。有些青年却因觉得人生时间还很富裕、什么事都可以拖到明天再说，慢慢让自己变得懈怠、混沌。如果我们这样明日复明日的拖下去，就很可能成为不开花的苗、不结果的树，让一生留下遗憾了。

不论是在高校生涯教育期间还是步入职场，我们都有该开花、该结果的成长规律。比如大三的时候，我们通常会因为之前的不断积累开始收获一些科技竞赛的成绩、荣获一些优秀奖项；即将毕业的时候，会因为高校生涯教育期间的不断努力而选定一条自己向往的未来发展道路。如果该开花的时候花没开，该结果的时候果没结，时间的齿轮也不会停止转动，我们只能看着别人收获而自己两手空空。

步入职场后，面对未来几十年的人生奋斗，我们仍旧需要保持"逝者如斯夫，不舍昼夜"的紧迫感，珍惜时光、努力奋斗。一旦有所懈怠、以一副得过且过的状态混日子，我们的一生也可能成了不开花的苗、不结果的树。

　　子曰："后生可畏，焉知来者之不如今也？四十、五十而无闻焉，斯亦不足畏也已。"

孔子说："青年人值得敬畏，他们年富力强，有更多的发展可能，怎么能断定其将来的成就赶不上现在的人呢？但一个人如果到四五十岁还没有什么声望，那他也就没有什么可让别人畏惧的了。"

孔子一方面在鼓励青年人，人生有无限可能，只要不断努力一定会超越前辈，做出更高的成就。同时提醒青年人，要把握时间，一旦错过了年轻的时光，再想有所成就就很难了。

几千年前人们的寿命普遍比现在短，我们不用太计较是不是四五十岁就很老了，而是要理解人生一旦错过，就不会重来的道理。从积极的角度理解这句话的含义，是在告诉我们要争分夺秒，不负韶华。

　　我曾带过的一个学生，今年 30 岁了，希望换工作，我帮他把简历推荐给某单位的人力资源负责人。

　　这位负责人看过简历后回复我说："王老师，感觉这个人条件比较普通啊。"

　　我回复说："你帮我详细指点一下，我也好给他做个反馈。"

　　对方接着说："他 30 岁了，在职务上只做到了生产经理，职称和技术资格证书方面也没有太多亮点。同时，他希望转换工作领域，但在简历中未体现出这方面所积累的经验。所以，我们没法给他机会。"

　　光有时间的堆积，并不一定就会给自己积累应有的砝码。如果没有抓紧时间做好个人提升，随着年龄的增长，我们的职场竞争力有可能会慢慢降低。

　　　　用"分"来计算时间的人，比用"时"来计算时间的人，时间多五十九倍。

　　　　　　　　　　　　　　　　　　　　　　　　　　——雷巴柯夫

　　希望我们都能理解"逝者如斯夫"的紧迫，不做"不秀之苗"，不成"不实之秀"。人生天地之间，若白驹过隙，忽然而已。在有限的生命中，我们都希望成就自己的人生意义，那就珍惜时间吧。

　　在我们的日常生活中，会不会总觉得时间不够用呢？有了电话、有了网络，而后又逐渐有了微信、有了视频会议，我们工作的节奏越来越快了，但自己能主动利用的时间好像变少了，时间被占用的情况变得很严重。和几千年前讲珍惜时间的话题有所不同的是，我们不光需要把浪费的时间充分利用起来，还需要学会如何分配时间，让时间产生更大的效用，让自己的时间更有价值。

弗朗西斯科·西里洛作为番茄工作法的发明人，为人们提供了一个高效利用时间的好方法。使用番茄工作法，选择一个待完成的任务，将番茄时间设为25分钟，专注工作，中途不允许做任何与该任务无关的事，直到番茄时钟响起，进行短暂休息一下（5分钟就行），然后再开始下一个番茄。每4个番茄时段多休息一会儿。

在番茄工作法的指导下，我们让自己在一个集中的时段不被任何打扰的完成某项特定的任务，这种方法能极大地提高做事的效率。尤其是当我们利用番茄工作法专注完成一项极具挑战、又必须尽快完成的工作时，心中的成就感会激励自己不再畏惧任何有挑战的事情，也不会担心自己有拖延症。

一般情况下，一天能有一个时段进行四个番茄时间，即2小时左右，专注完成某些事情，基本就可以把一天中比较重要的，需要集中精力完成的事情完成了。如果每天能坚持利用番茄工作法来帮助自己高效利用时间，聚焦某项任务，我们会发现，时间带给我们的并不是焦虑，事情也没有想象中那么繁杂。

我们不妨来尝试一下。

先给自己列出近期需要完成的事项列表。然后确定好每天最容易集中精力、不被外界打扰的时段。

做好准备工作，挑选待完成事项中的一项，设定好25分钟的闹铃。在闹铃计时启动后，我们不再关注任何外来信息，专注于手上的事情，直到闹铃响起。

停下手头的事情，站起身，做 5 分钟身体放松，同时想一下这 25 分钟的进展，准备在下一个 25 分钟的番茄时间里做哪些事情。

然后，再次做好准备，设定新的 25 分钟闹铃，继续专注于手上的事情。

一般情况下，最多集中 4 个 25 分钟番茄时间，一件事就处理完了。

当我们回顾这个过程时会发现，平时反复因为临时信息或事件被打扰而被迫拖着一天甚至更长时间才能完成的事情，在集中地一个小时内就完成了。

剩下的时间，我们可以轻松、愉快的做别的事情了。

时间是非常宝贵的资源，我们需要好好珍惜。做一些事情时，我们会因为无法坚持而沮丧，造成我们做事无法坚持的原因是什么呢？

下一节：做事缺乏恒心的原因

子曰："譬如为山，未成一篑，止，吾止也。譬如平地，虽覆一篑，进，吾往也。"

子曰："亡而为有，虚而为盈，约而为泰，难乎有恒矣。"

子曰："吾未见刚者。"或对曰："申枨。"子曰："枨也欲，焉得刚。"

子夏曰："虽小道，必有可观者焉；致远恐泥，是以君子不为也。"

子曰："岁寒，然后知松柏之后凋也。"

第十七节　做事缺乏恒心的原因

我的一位师姐，跟我讲述了她这 10 年坚持跑步的经历。

她的工作强度一直很大，一度让她不知所措。10 年前，她开始尝试跑步。

刚开始的时候，她能跑起来都难。没跑多大会儿就会气喘吁吁。师姐跟我说，一件事坚持下来，最难的就是开始一段时间后的那个阶段。既没有了刚开始的新鲜感，又有一些负面的现象出现。比如跑步半个多月的时候，她发现自己跑不了多久就得休息，而且浑身肌肉酸痛，每天早起都需要很大的思想斗争。

师姐跟我说，过了最初的这个阶段，后面就轻松很多。因为她感到了明显的变化。她跑的距离逐渐长了起来，心肺功能的增强，让她每天的精神状态也有了改善。

跑步的时候，给了她很多思考时间。思考每天的工作、思考是是非非、思考未来规划。她跟我说，她每天跑步结束后，就开始执行自己刚才思考的计划和每天的安排。

从北京奥林匹克森林公园到全国各地报名马拉松，师姐的生活因为跑步而改变。在跑步中，她认识了很多新朋友。师姐跟我举例说着这些人的优秀之处，她的视野也因此而变得更广阔。

我在每年新生入学的生涯规划课程上，都会分享师姐的例子。分享完，我经常会说一句话，"实现自己的梦想，看似遥远，其实也简单，只需要两步：第一步是开始，第二步是坚持。"

再美丽的梦想、再完善的计划想要成功，都需要靠行动去实现，都需要有恒心。

　　子曰："譬如为山，未成一篑，止，吾止也。譬如平地，虽覆一篑，进，吾往也。"

孔子说:"无论是学习还是加强道德修养,好比堆土成山一样,只差一筐土就成而停下来,这是我自己停下来的;在平地堆土,尽管只有一筐土,这是我所坚持下去的。"

《论语》这段话以堆土成山的比喻来强调持之以恒的重要性。堆一座山,只差最后一筐土而停下来,没能坚持完成,成语"功亏一篑"便出自此。行百里者半九十,越到最后越需要恒心,需要加倍的努力方能取得最终的成功。

青年人进入高校生涯教育后,不需要家长、老师来安排每天的时间。随着自由度的提高,青年人的苦恼也随之多了起来。开始出现不按时上课、不按时完成作业,不会的科目越来越多,自己很着急但就是缺乏恒心的情况。在没有外力的情况下,我们怎么能坚持完成好每天的学习呢?

天下无难事,只怕有心人。恒心是我们最需要拥有的宝贵品质之一。拥有再好的先天条件、外在环境,如果没有恒心,则一定是一事无成的。人们都希望做事情有恒心,谁也不想只差一筐土时就放弃,但为什么在做一些事时,我们很难坚持呢?《论语》为我们总结出了一个人缺乏恒心的三个原因。

缺乏恒心的第一个原因是我们容易被一些欲望干扰。

子曰:"亡而为有,虚而为盈,约而为泰,难乎有恒矣。"

孔子说:"没有却追求有,空虚却追求充足,穷困却追求奢华,如此之人是很难有恒心的。"

该学习的时候缺乏恒心，且安排的事情太多了。青年人会接触到很多人、很多事，有的人不知道如何取舍，经常跟着一些人做做这个，再跟着另外一些人做做那个，做了不少事但都缺乏定性，到后来什么事都做不深入，也就没法取得好的成果。

有恒心，就需要不能什么都想要，需要有取舍、有定力。如果欲望过多，恐怕就会失去做事的恒心。任何一条发展道路只要坚持下去都会取得成功，但如何听到一件事就想去做做，遇到另一件事觉得挺好就马上放弃之前正在做的事，那我们就只能在原地打转，进步的速度会很慢。我们需要理解没有轻而易举就能取得的成功，要有做事的恒心就需要有坚强的意志，不轻易为周围的欲望、诱惑所动，坚持走好适合自己的路。

子曰："吾未见刚者。"或对曰："申枨。"子曰："枨也欲，焉得刚。"

孔子说："我没有见过刚毅不屈的人。"有人说："申枨是这样的人。"孔子说："申枨的欲望太多，如何能刚毅不屈？"。成语"无欲则刚"便是从对《论语》这段话的理解中得来的。

要想有恒心做成事，就需要成为"刚者"。欲望太多的人，又怎么可能刚毅呢？成为"刚者"并不是说自己要多有力气，有一股猛劲。力气再大、再猛也只能做好个开头，能否坚持还是需要持久的用力，这就需要控制住自己的欲望。比如有不少青年人业余时间希望玩网络游戏、看网剧。即使想玩游戏、看网剧，控制好时间，时间一到马上结束，赶紧投入学习中。如果能做到这一点，玩游戏、追剧就是我们的休闲活动。但如果我们控制不住，沉迷于此，最终影响了学业，那我们就被贪玩的欲望带偏了。如果没有养成好的习惯，在进入工作岗位面对其他的欲望时，我们不能成为"刚者"，则很容易会被欲望吞噬。

像玩游戏、看网剧这样的事如果不加节制，一定是不对的。有些事会对自己有益，但却和我们的长远目标相违背，我们也需要节制。

缺乏恒心的第二个原因是贪图小利。

子夏曰："虽小道，必有可观者焉；致远恐泥，是以君子不为也。"

子夏说："即使是小技艺，也必然有可取之处，但从长远看恐怕会有阻碍，所以君子不做。"

青年人可以尝试的事情很多，但时间和精力终归是有限的。哪些重要？哪些可以适当搁置？需要每个人做好取舍和合理的安排。每件事都有可取之处，都会将我们吸引过去看一看。但我们需要了解这件事做多了是否服务于自己的核心目标？如果"致远恐泥"，那就需要考虑一下了。

比如，有的学生在上大学后开始在外面打工，锻炼自己的同时挣些零花钱。参与一些社会活动，积累经验本身是好的，但如果旷课去打工，或者值夜班而影响第二天上课，或者去一些有人身安全风险的地方工作，这就和我们上大学的初衷相违背了，并不是服务于我们大学的核心目标，就要我们做出必要的取舍。

有恒心、有毅力去完成一件事，是需要下苦功的，要能沉得下去，心静则安；要能吃苦，才能苦尽甘来；要用功，不断学习精进。只有这样才能有所成就。

欲望过多，心无定数，会导致我们缺乏向着心中梦想努力前行的恒心。同时，我们会发现，那些平时没有太多事情要做，也不认真学，一遇到问题就有畏难情绪，就打退堂鼓，或在需要锻炼自己能力时，就当逃兵，这样的青年也很难有恒心。

缺乏恒心的第三个原因是怕吃苦。

子曰："岁寒，然后知松柏之后凋也。"

孔子说："经过寒冬的考验，才知道松柏是最后凋零的。"

孔子以松柏为例，激励人们不论身处境遇如何，都应坚守自身追求。如松柏，于岁寒中静待春阳。

宝剑锋从磨砺出，梅花香自苦寒来。

——冯梦龙《警世通言》

有恒心，就需要经历磨砺，承受一定的痛苦。像松柏一样，经历严寒的考验，傲立雪中，方能展现一个人追求理想的坚贞。

比如，当我们听到一些毕业生分享自己大学感受时，如果他对自己的大学生活满意，觉得在大学期间很有收获，他的大学经历一定并不轻松，过程中一定遇到了许多挑战、困难。而如果哪位同学觉得自己的大学生活稀里糊涂就混过来了，那很可能是因为自己遇到挑战时匆匆放弃，没有迎难而上、持之以恒。越是我们希望获得的，越需要经历千磨万击的考验。在经历重重考验后，方可达到"千磨万击还坚劲，任尔东西南北风"的境界。

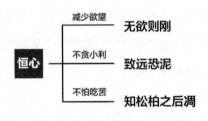

图 3-9　增强做事恒心的三个原因

有恒者则断无不成之事。我们不用怕做一件事的基础太差，就像想堆一座山才刚放了一筐土一样，只要有恒心、能下苦功，遇到困难时不轻言放弃，就一定能取得成功。在成长的过程中，我们的恒心会被一些过度的欲望干扰，也会因为我们害怕吃苦而放弃坚持。有什么好方法能帮助我们强化做事的恒心呢？

有恒心，就需要我们有自控力。尤其是面对违背自己长远目标但又极具诱惑力的事情时，我们的自控力将影响我们是否能坚持。

作为一名健康心理学家，《自控力》一书的作者凯利·麦格尼格尔博士的工作就是帮助人们管理压力，并在生活中做出积极的改变。她意识到，人们关于自控的很多看法实际上妨碍了我们取得成功。例如，把自控力当作一种美德，可能会让初衷良好的目标脱离正轨。麦格尼格尔吸收了心理学、神经学和经济学等学科的洞见，为斯坦福大学继续教育

118

项目开设了一门叫作"意志力科学"的课程，这门课程就是《自控力》一书的基础。

在《自控力》书中教给我们通过澄清三件事来强化自己的意志力。

请回答以下三个问题：

"我要做"：有没有什么事是你想多做一些的，或是停止拖延的，因为你知道这样做能提高你的生活质量？

"我不要"：你生活中最"顽固"的习惯是什么？有什么是你想放弃，或者想少做一点儿的，因为它妨害了你的健康、幸福甚至成功？

"我想要"：你最想集中精力完成哪一项重要的长远目标？哪种当下的"渴望"最有可能分散你的注意力，诱惑你远离自己的目标？

比如，我们希望这个学期认真学习英语，通过四级考试。这件事是"我要做"的事。

我们先澄清一下，是不是这件事如果完成好了就能提高自己的生活质量？我们回答：确实是，因为英语学习很重要，这个学期是过四级的最佳机会，能通过会对后面的学习减少负担。

通过回答这个问题，我们对实现这个目标所需要接受的挑战和面对的困难有了预估，能帮助我们在遇到困难时不轻易放弃，让自己成为抵御岁寒的松柏，坚持到底。

我们接着再回答下一个问题，我不要总是上网打游戏，起码能控制在合理的时间内。

这确实是"我不要"的事，如果能少做一点儿，会对自己有益，因为这件事影响了自己在学习上取得成功。回答了这个问题，我们就增加了抵御诱惑的能力，面对欲望时说"不"，成为一个"刚者"。

回答第三个问题，我想要提高自己学业成绩，将来能在一个更高的平台上展示自己、锻炼自己。当下我很希望自己能多在外面打工，长长见识，这个"渴望"最有可能分散我的注意力，诱惑我远离自己的目标。

回答了这个问题，能让我们知道哪些事在现阶段会"虽有可观，致远恐泥"，虽然有益，但会和自己的长远目标发生冲突。

希望我们了解有恒心的重要性，也能理解影响保持恒心的因素有哪些，并能通过回答"我要做""我不要""我想要"这三个问题来澄清自己的目标、排除干扰，在自己梦想的路上坚定前行。

平时话说的多还是少、说的精彩还是不精彩并不是获取他人信任的最重要因素。做到言出必行、言行统一才能让自己成为一个值得信任的人。

下一节：靠行动让他人信服

第四章

如何把握交往智慧

子曰："君子欲讷于言而敏于行。"

"君子一言以为知，一言以为不知，言不可不慎也。"

子曰："先行，其言而后从之。"

子曰："君子耻其言而过其行。"

子曰："古者言之不出，耻躬之不逮也。"

子曰："其言之不怍，则为之也难。"

第十八节　靠行动让他人信服

为了急于获得别人的信任、认可，有时候我们很想多和别人沟通，希望别人理解我们的想法。实际上，别人对我们的理解不是只看我们说了什么，更看我们是否能做到言出必行、言行统一。

小段在毕业之后去了一家实力雄厚的央企施工单位上班。

他是一个不太喜欢主动交流的人，刚参加工作时，我嘱咐他，"施工单位很讲究交流沟通，你得主动跟项目经理搞好关系。而且施工单位会有很多应酬，这都是必要的交流场合，你得适应。"

小段所在项目部聚餐时，别的同事都很积极主动的和项目经理说话。小段却自己吃自己的，一句："我不抽烟，也不喝酒"，把所有人堵了回去。

这么不懂得融入团队，对小段的个人发展一定会有影响。

但小段在工作一年后，被授予了单位"优秀新员工"的荣誉称号，还深受项目经理器重，被委以重任。

我问小段，这一年都发生了什么？

小段跟我讲，他平时不和经理多说话，甚至还为一些工作上的事和经理理论，但他业务工作抠得很细：他负责的工作领域不仅进度快而且成本控制得很好。同时，在工作中小段优化了工程报表，改进了操作流程，并取得了很好的效果。经理让项目部都参照他做的报表和流程做了统一的工作调整。

我跟他说，"你的经历，让我对如何在施工单位中成长有了新的认识，我之前太看重沟通了，看来把事情做好才是基础。不论在哪里工作，最终看的不是说了什么，而是要看一个人能做什么，做到了什么。"

小段说："我习惯说话之前先想明白。只要从我嘴里说出的数字就一定得是准确的；只要我答应的进度完成时间，就一定会实现。当别人发现我这个习惯后，就很信任我。"

我问小段："你就没担心因为自己不多说话，而让领导觉得和你有距离吗？"

小段说："工作中最重要的还是要看说到的能不能做到。光说的好，结果事情做得不到位，最多两次，领导根本就不会再听你说的话了。如果说的谨慎些，说到的一定可以做到，久而久之，反而更能得到认可。"

《论语》有云："言必信，行必果"。说到就要做到，做事就要坚持到底。言行一致，言出必行，是《论语》对我们的教诲。

除了"言必信、行必果"以外，《论语》中还有哪些关于"言与行"的论述可以指导我们的日常行为呢？

子曰："君子欲讷于言而敏于行。"

孔子说："君子要说话谨慎、迟缓，而做事要勤劳、敏捷。"

初入职场，我们容易为了急于证明自己，在并不完全了解具体情况时，便表达自己的想法，结果反而会让同事们觉得自己浮躁、不踏实。

孔子在《论语》中多次提到"谨言敏行"的观点，提醒我们不要急于通过语言来获得他人的认可，而是靠持之以恒的行动赢取信任。

话说的慢一些，严谨一些，能防止自己说错话。

勇于表达自己的观点没错，但所说的话要经得住推敲、是经过自己调查和实践得来的，不要想当然，不然便会给自己带来不好的影响。

在日常生活中，我们会通过一个人的言语表达，判断出这个人的知识储备和品格修养。

"君子一言以为知，一言以为不知，言不可不慎也。"

一句话可以显示一个人的智慧，也可以显示一个人缺乏智慧，所以说话不可以不慎重。

如果我们总是说话很快，但说出来的话却又经常让别人觉得有漏洞、经不住推敲，别人就会认为我们是缺少知识的人，不会总来征求我们的意见了。

所以，我们鼓励积极发言的行为，但也要注意自己所说的话是不是经过了思考。

人的职业生涯很漫长，时间越久，越要看行动。

子曰："先行，其言而后从之。"

孔子说："先实际去做，有些话在行动后再说。"

勇于表达自己的观点，有时候也是希望自己在某些方面受到认可和取得成绩。想得到认可也要注意做到"先行"，真正的认可是通过行动得来的。不要上来就强调自己能力多强或者多有把握，先行而后言，这样更能让别人信服。

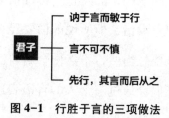

图 4-1 行胜于言的三项做法

钱颖一教授将其 10 年在清华大学经济管理学院担任院长、15 年在中国教育领域不懈耕耘后的思考和实践经验整理出版在《大学的改革》一书中。书中提到的很多内容都是钱教授在担任清华大学经管学院院长期间，先做事成功后，才分享给大家的理念经验。钱颖一教授讲道："如果没做就说，很多事会因为不同的原因而让我们想干的事情干不成，所以要先做后说。"

先做后说，能避免我们只追求表面、只追求短期效益，而忽略了事物的本质和长远发展。如果我们已经认定了一个做人做事的基本原则和个人追求目标，那么就不用太在意过早的通过表达而收获认可。先坚持着做，按照自己的想法经营自己、提升自己，蓦然回首时，再去展示别样芳华。

青年人面对自己未来的生活，一定会有很多梦想。每一个梦想都需要靠行动让其慢慢变得真实。无论是一生的大梦想、还是生活中的小目标，都是一步步走出来的。即使我们现在对未来还没看清，谈理想时显得"木讷"一些，但只要我们是一个在行动上积极主动的人，不断挑战、敢于尝试，我们也一定会逐渐看清自己未来的路。

《论语》在为我们强调"慎言敏行"道理的同时告诉我们如果没做到"慎言敏行"，会导致两种羞耻的行为出现。

子曰："君子耻其言而过其行。"

孔子说："君子以说得多做得少为耻。"

如果我们总是侃侃而谈，天马行空的说了一堆，但真正做的时候，却没有什么具体的行动。这样的人是会受人耻笑的。

子曰："古者言之不出，耻躬之不逮也。"

孔子说："古人不轻易许诺，是因为他们以行动不能兑现诺言为耻。"

如果我们订立目标或者答应别人的时候欠缺思考，在行动时不能实现自己所说的话，也是会被别人耻笑的。

图 4-2 在言行不统一方面带来的两种羞耻行为

当然，受人耻笑只是"言过其行""躬之不逮"这两种行为带来的一个后果，更严重的是，这样的行为会影响自己的成长。

当我们将更多的注意力放到侃侃而谈时，当我们认为轻易许诺没有问题时，我们对行动的重视程度必然会减少。慢慢地我们就会变成一个只会说大话的人，不愿意踏实做事的夸夸其谈者。

子曰："其言之不怍，则为之也难。"

孔子说："说话如果大言不惭，那么想要身体力行就很困难。"

所以，"讷于言而敏于行"的道理并不光是在告诉我们要注意说话谨慎，还在提醒我们，如果做不到说话谨慎，就很难做到行动敏捷。每个人都知道，把语言化为行动，比把行动化为语言困难得多，一旦热衷于过多的重视表达，行为上必然会减少付出。

希望我们能把更多的注意力放到行动上，做一个"言必信，行必果"的人。

贫与富是我们不可回避的生活话题。如何正确看待贫与富？贫与富的不同看法背后蕴含着哪些为人处事的道理？

下一节：不义而富皆浮云

子贡曰：“贫而不谄，富而不骄，何如?”子曰：“可也。未若贫而乐道，富而好礼者也。”

子曰：“士志于道，而耻恶衣恶食者，未足与议也。”

子曰：“贫而无怨难，富而无骄易。”

子曰：“富与贵，是人之所欲也；不以其道得之，不处也。贫与贱，是人之所恶也；不以其道得之，不去也。”

子曰：“不义而富且贵，于我如浮云。”

第十九节　不义而富皆浮云

小白来自经济困难家庭，入校初，我们为他安排了在食堂帮忙的勤工助学岗位。

小白是个积极乐观的学生，笑起来满口大白牙。

每次去食堂吃饭，我们都能看到小白利用午休时间，在食堂帮忙的身影。他戴着大白口罩，见到我们后，打个招呼就匆匆离开。

开始时，我们也没有觉得有什么不妥。毕竟食堂工作需要讲卫生，他戴着口罩，不多说话，应该也是工作需要。

一个学期过后。有一次在食堂，我们见到小白时，发现他把口罩摘了。见到我们时，露出了他标志性的灿烂微笑，热情地和我们打招呼。

我有点奇怪，问身边的辅导员老师，小白怎么摘口罩了呢？

辅导员老师跟我说，之前小白戴口罩的原因不光是因卫生要求。他负责打扫环境卫生，并不接触食品，其实没必要一直戴口罩。小白之所以戴着口罩，是因为他怕轻易被同学认出来。他自己觉得，在食堂勤工助学并不光彩，怕同学们笑话他。

但经过一段时间后，小白发现同学们没有笑话他，反而因为他的积极开朗、成绩优秀，很愿意和他交朋友。同时，同学们都很佩服他依靠勤工助学来赚取生活费的行为。在食堂，同学们都和小白主动打招呼。

于是，小白把口罩摘了下来，不再担心自己会被别人笑话，乐观自信地过着自己的大学生活。

因家庭条件的不同，在生活中、学习中都会对青年人产生影响。过于关注贫富不同时，家庭经济条件一般的青年人，就容易自卑；家庭经济条件较好的青年人，就容易傲慢。

如何正确对待贫富不同？如何理解应通过自身努力赢取属于自己的富与贵？让我们看看《论语》在正确看待贫与富方面带给我们什么启示。

　　子贡曰："贫而不谄，富而不骄，何如？"子曰："可也。未若贫而乐道，富而好礼者也。"

孔子的学生子贡问："贫困时不谄媚，富足时不傲慢，这样的人怎么样?"孔子说："可以。不过还不如贫困时好学乐道，富足时爱好礼义的人。"

贫与富是客观状态，我们不应因自己不同的贫富状态而表现出谄媚或傲慢的行为。"贫而不谄，富而不骄"是我们最基本的为人态度，只有做到这些，才能正确地看待贫富的不同，才更能把自己的注意力从贫富中转移出来，更多的关注学习。

贫而不谄　——→　贫而乐道

富而不骄　——→　富而好礼

图4-3　如何正确看待贫与富

做到"不谄""不骄"并不够，还应让自己做到"贫而乐道，富而好礼"。能做到"乐道""好礼"，就说明我们已经把注意力从客观状态中转移到学习文化知识、提高个人修养上来了。不管自己现在处于什么状态，这都只代表着过去，只代表着自己的家庭在之前的境遇或储备。我们只有通过"乐道""好礼"的过程，才能让自己不断成长，为自己创造更好的未米。

富，并不能让我们显得高贵；贫，也不会让我们显得卑微。真正让别人尊重的，是因为我们在学习、生活中所表现出的"乐道"和"好礼"。一个向着自己的理想努力奋斗的人、一个待人谦和有礼的人，不论富与贫，都会受到别人的尊重。

小进大学毕业时以优异的表现顺利入职国内著名的建筑企业。

在他的毕业感言中，回顾了自己大学四年为了理想不懈奋斗的历程，并满怀深情地感谢了在宿舍担任保洁工作的妈妈。

小进感谢妈妈对他的爱，感谢妈妈尽自己最大的努力支持他完成学习、支持他去追逐自己的理想。

如果我们过多在意贫或富，受到外在条件的影响，难免心态会发生变化。这种心态上的变化，会让我们将本应放到提升自身品格、能力上的精力，过多地放到在意贫富、在意别人的评价上，从而对我们的成长造成影响。

子曰："贫而无怨难，富而无骄易。"

图4-4　正确看待贫与富的难易对比

孔子说："贫穷而能够没有怨恨是很难做到的，富裕而不骄傲是容易做到的。"

家庭条件较好的青年人做到不骄傲、努力学习相对会容易一些。家庭条件相对欠缺一些的青年人能够做到不过多抱怨，并把心思花在学习和锻炼个人能力上会更具挑战一些。毕竟平时大家都在一起生活，如果别的同学总会带着大家去聚个餐，或者买了些更高级的学习用品，自己难免会不舒服。能做到"贫而无怨"是很难的。

小路就曾走过弯路。他父母因为身体残疾而需要领取社会困难补助维持生计。夫妇俩怕亏欠孩子，从小就尽可能给小路提供最好的学习、生活保障。小路并不能理解父母的苦心，在大学一年级时经常抱怨父母，觉得很多同学有的东西他们家都没法给他买。小路因学习成绩不好受到学业警示，他却把问题赖在父母头上，认为是父母没有第一时间给他买电脑，耽误了他学习而让同学看不起他，进而导致其心情烦躁，没法静下心来学习。

经过一段时间的调整，小路慢慢理解了父母的不易。他也知道学习设备的好坏不能决定学习成绩的好坏，刻苦学习的学生才会得到大家的尊重。

家庭条件比较好的学生，如果太多在意外在条件，自己的学习也会受到影响。

小李的学习成绩已经濒临降级，我约他的父亲到校沟通。小李的父亲跟我说，他给孩子在校外报了很贵的补习班；怕孩子上学坐公交车太挤，他给孩子配了辆很贵的车。

在交流中，小李和他的父亲都意识到，过优的学习条件并不一定会让小李专心于学习，反而会使其过多地在意这些外在条件。

求学之路是比较艰辛的，需要付出很大的努力。如果过多地在意吃穿、在意享受的状态，就不会思考如何立志求学，觉得自己靠家庭条件的优越，就会有很多人羡慕自己、认同自己。实际上，这样的人不会受到别人的尊重。

子曰："士志于道，而耻恶衣恶食者，未足与议也。"

孔子说："有志之士拥有远大的理想，而如果以穿破衣吃粗饭为耻，则不值得与他谈学论道。"

一个有远大理想的人，每天想的应该是如何努力学习、如何向理想迈进，又怎么会过多地在意衣食享受呢？如果过多地在意吃的是不是好、住的是不是舒服，年纪轻轻就追求安逸，就互相攀比谁更阔气，又怎么能有大志向呢？所以，孔子会说，不与以贫为耻的人谈论志向、谈论学业。

试想一下，一个每次聊天都能带给我们不一样的见识、收获的朋友，和一个一见面就炫耀自己又买了某某品牌"限量版"的朋友，到底哪个更能帮助到我们呢？我们又希望成为别人眼里的哪种人呢？

一些人会想：虽然我现在并不富裕，但我希望将来能拥有更好的经济和社会地位，实现自身价值。君子爱财并没有错，但要注意取之有道。富裕的经济条件、显赫的社会地位是我们人生价值的副产品，人生最值得我们追求的，应是通过我们的努力，能为社会的发展、他人的幸福做出贡献。

子曰："富与贵，是人之所欲也；不以其道得之，不处也。贫与贱，是人之所恶也；不以其道得之，不去也。"

孔子说："财富与高位，是人人都想拥有的；不以合乎仁道的方式来拥有，君子不会接受。贫困与卑贱，是人人都厌恶的；不以合乎仁道的方式去摆脱，君子也不会做。"

青年人在给自己制定未来目标时，会希望自己将来能有可观的收入，获得好的社会地位。这样的目标本身没有什么问题，毕竟富与贵是幸福生活的条件之一，但用什么方式去实现这样的目标却是需要我们辨别的。并不是为了富与贵的目标，就可以不择手段。如果不是用正确的方法获取的富与贵，我们都要坚决摒弃。

子曰："不义而富且贵，于我如浮云。"

孔子说："如果通过不正当的方式取得财富与地位，于我而言好似天边浮云。"

青年人在高校生涯教育期间大部分都还没有为社会创造价值，生活所需基本来自父母的支持。不论父母给予我们的是怎样的支持条件，我们都需要节俭使用，因为这些钱或物品都不是自己的劳动所得，我们并没有资格用父母的劳动所得去炫耀或挥霍。

道 — 富与贵，不以其道得之，不处也。

义 — 不义而富且贵，于我如浮云。

图4-5 以道义为准绳正确看待贫与富

财富和地位可以成为我们追求人生意义的一个组成部分，可以成为所追求的人生目标的附属品，但其不应成为全部，不应成为最重要的部分。步入职场后，面对通过不正当方式获取财富或者地位的诱惑，我们能如《论语》里说的这样，当这些是浮云吗？如果选取不义方式获取财富、地位，这样的人就如被乌云遮住了眼睛，不知身处何处、不知前路何方，最终会被财富、地位的乌云吞没。

树立正确的财富观、事业观，是树立正确人生观的重要组成部分。希望通过《论语》中"贫与富"部分的学习，青年人能正确面对贫富，并懂得靠正确方法取得财富的道理。

我们都希望自己身边有很多好朋友。朋友间的交往最看重的是什么呢？哪些行为处事的方法会影响到朋友之间的情感呢？

下一节：尊重让友谊更长久

子夏曰："君子敬而无失，与人恭而有礼。四海之内，皆兄弟也。"

子曰："恶称人之恶者"，"恶勇而无礼者，恶果敢而窒者"，子贡曰："恶不孙以为勇者，恶讦以为直者。"

子禽问于子贡曰："夫子至于是邦也，必闻其政。求之与？抑与之与？"子贡曰："夫子温、良、恭、俭、让以得之。夫子之求之也，其诸异乎人之求之与！"

第二十节　尊重让友谊更长久

我和很多已经毕业的学生都保持着联系。认识的时间长了，有时候说话会不注意语气。

次，我请学生小刘帮忙带我和我爱人去一个地方。

我给小刘打电话，问见面的具体位置。明明离得很近，但电话说了半天，开车转了两圈，还是没有找到对方。

我电话里有点着急，冲着小刘说话很不客气。

"你怎么搞的，这么半天都说不清楚。到底在哪呀！"

等终于弄明白地方后，我挂了电话，继续开车。

我爱人跟我说："你跟学生说话怎么这么不客气。"

我说："都是我的学生，认识这么久了，说话直接点，没什么的。"

她说："人家已经工作好几年了。就算之前你们是师生关系，现在也是朋友相称了，说话不能这么不客气。"

经她提醒，我立刻意识到自己的做法有些不妥。礼貌不应因为彼此关系的密切而被忽略。

等见到小刘时，他很热情地和我打招呼，还主动承认错误，说自己没有说清楚地方，让老师绕路了。当时我挺羞愧的，不断跟他道歉。

小刘始终当我是他的老师，对我尊重有加，小刘做到了尊重、有礼。但我不能就以老师自居，显得一副高高在上的样子，甚至是说话傲慢、不讲礼貌。如果我这样做，哪还配得上"老师"这个称谓呢。

身边有几位知心朋友，是我们人生一大幸事。快乐时与好友分享，我们收获的快乐会加倍；痛苦时与好友分享，我们承受的痛苦会减半。

日常生活中，哪些不经意的表达方式或者做法会影响朋友关系呢？

让我们看看《论语》里的内容是否能给我们启发。

子夏曰："君子敬而无失，与人恭而有礼。四海之内，皆兄弟也。"

孔子的学生子夏说："君子谨慎地要求自己不发生过失，待人谦恭而有礼貌。那么，天下所有的人都是自己的兄弟。"

这段话是一个叫司马牛的人感慨自己得不到兄弟支持时，子夏和他说的话。司马牛平时做了一些伤害亲兄弟的事情，结果导致了兄弟不支持他。子夏的话意在劝解司马牛，同时告诉我们，自身能做到做事严谨、待人谦和，就自然会得到很多人的支持。四海之内，不是亲兄弟也会有很多人如亲兄弟一样帮助我们。

愿景 —— 四海之内皆兄弟

准则 —— 敬而无失，恭而有礼

图 4-6 与朋友相处的愿景和准则

人是群居动物，有了社群的联系自然会产生朋友关系。小时候我们会依赖自己的父母、家人，长大后，需要交朋友。我们在与朋友倾诉中被认可，在帮助朋友时体现自身价值，这都是我们在社会中所需要的精神力量。

有些人会觉得需要自己拥有足够的金钱、地位，别人才会跟自己交朋友。实际上，交朋友并不需要我们拥有更多的外在资源，自身的品质是交朋友的基础。拥有良好的品质会赢得周围人的尊重。如《论语》所言，做到"敬而无失，恭而有礼"，自然会"四海之内皆兄弟"。

真诚、正直的人是我们都愿意结交的。想要交到这样的朋友，自己就先要成为一个真诚、正直的人。通往真诚的道路是真诚本身。如果我们自己处于一种对人防御和自我封闭的状态，不打开心门，也很难能结识到好朋友。

图 4-7　与人交往的加分项和减分项

然而，只要我们真诚、正直就可以吗？我们要认真领会《论语》里"敬而无失，恭而有礼"中的"无失"和"有礼"。让我们来看看，具体什么样的做法，会违背"敬而无失，恭而有礼"的原则，而我们自己又不自知。

　　　　子曰："恶称人之恶者"，"恶勇而无礼者，恶果敢而窒者"，
　　　　子贡曰："恶不孙以为勇者，恶讦以为直者。"

这段节选自《论语》中孔子和学生子贡讨论君子厌恶什么人时的对话。孔子说："君子厌恶专门揭别人短处的人，厌恶勇敢却无礼的人，厌恶自以为果敢却固执、不知变通的人。"子贡说："厌恶不谦逊却自以为勇敢的人，厌恶揭别人短处却自以为正直的人。"

图 4-8　与人交往中容易出现的错误做法

在与人相处时，我们有时会因为自己出于好意而忽略了"敬而无失，恭而有礼"的原则，认为自己是为了别人好，所以就直接甚至当众揭别人的短处；或者认为彼此之间已经是很好的朋友了，就表现得过于随意甚至无礼，连与人交往时最基本的礼貌也不讲究了；或者因为自己做一件事很有经验，而对于别人善意的提醒表现得不屑一顾等，身边的人也会疏远自己。

就像我觉得和小刘认识的年头久了，互相比较熟悉，就不注意基本的礼貌。这样的做法就没有做到朋友相处时最基本的原则："敬而无失，恭而有礼"。

如果一个人自以为自己真诚、正直，却不小心成为一个总揭别人短处、固执不变通、没有礼貌且不谦逊的人，没理解好"敬而无失，恭而有礼"的道理，就没法交到朋友，更不必说"四海之内皆兄弟"了。

如何与人相处是我们每个人在生涯发展中都会遇到的问题。有时我们会觉得，人与人之间的沟通障碍来自互相之间地位、年龄等差距。真的是这样吗？如果想让人与人之间的彼此尊重变得长久，而不是简单的利益交换，那看重的便不是地位或年龄等差距，而是互相认同的人格魅力和价值追求。

《论语》中对于如何与人相处这个话题，也能给我们带来启迪。

> 子禽问于子贡曰："夫子至于是邦也，必闻其政。求之与？抑与之与？"子贡曰："夫子温、良、恭、俭、让以得之。夫子之求之也，其诸异乎人之求之与！"

　　子禽问子贡，"老师到一个国家后，一定得知这个国家的政事。这是打听得来的，还是人家主动告诉他的呢?"子贡说："老师是用温和、善良、恭谨、节俭、谦逊取得的。老师获取的方法，大概与他人求取的方法是有所区别的吧!"

　　这段话是在讲孔子到达一个国家后，依靠自身德行教化的方式和老百姓交流，再以此推断这个国家的施政方式。在现今，我们也可以从这段话中学习与人交往的基本原则，通过做到温和、善良、恭谨、节俭、谦逊，当别人认可自己的良好品行时，就会很愿意和我们交流。

　　有时候，我们会觉得，要通过自己能力比别人强、成绩比别人突出，才能收获别人的尊重。做一个温和、善良、谦逊的人，是不是就会显得很无能? 事实上，温和、善良、谦逊的人才更能受到身边人的尊重。

　　我身边有一位认识了 10 多年的老教师，每次见面时他都会"王老师""王老师"地和我打招呼；找我办事，总是非常客气，再三感谢；我请求他办件事，他总是非常认真的完成。在他即将退休之际，学院里所有老师和他教过的很多学生都向他表达着感谢，都非常尊重他。

　　这位老师就因其一直在践行着"温、良、恭、俭、让"的行为，而收获了很多人的爱戴。

图 4-9　践行温、良、恭、俭、让而受到爱戴

在与人交往时，我们应以"敬而无失，恭而有礼"为原则，方能受到更多人认可，才能"四海之内皆兄弟"。在具体的行为里，要注意做到五个好的行为，温、良、恭、俭、让"；注意避免五个不好的行为："称人之恶者、勇而无礼、果敢而窒、不孙以为勇、讦以为直"。

《天下没有陌生人》这本书的作者刘希平作为中国公关界的权威人士，他曾带领团队参与过北京申办 2008 年夏季奥运会和 2022 年冬季奥运会的工作。朋友们评价他是一个年轻的老头，善解人意的好朋友，有着一颗世故而又纯真的赤子之心。他喜欢寻找别人的优点，并诚恳认真地对待工作、朋友、同事和生活里的一切事物。

《天下没有陌生人》这本书为我们梳理了从职场菜鸟到社交达人要经历的：基础篇、进阶篇、实践篇、高级篇的四个不同段位以及 22 个原则和实用技巧。

作为起步阶段的基础篇，作者强调要通过自我提升，让自己成为一个值得交往的人。

需要注意的有五个方面：

（1）做时间的主人。首先要做到守时，这是社交的基本准则；其次是管理好自己的时间，合理安排事务。

（2）做个受欢迎的人。平时注意察言观色，有眼力见，不让自己成为朋友的负担；关键时刻要勇于担当，先集中注意力处理问题而不是先撇清责任。

（3）细微之处见真情。想要收获长久的情谊，没有速成的捷径，需要长久地经营。日常的温暖关心、对朋友的惦记，都是非常暖心的行为。

（4）拒绝负能量，做正能量的传播者。人们都愿意和正能量的人交往，如果我们能给朋友带来开心或者能从我们身上学到东西，自然就会有很多朋友围绕在我们身边。

（5）内外兼修。一个人的卫生习惯、穿衣审美、身材管理都是后天不断练习的，也会让我们更受欢迎。

在做好基础篇之后，书中对于进阶篇、实践篇、高级篇的不同阶段具体做法也都给出了详细的指导。

我们可以结合《论语》和包括《天下没有陌生人》在内的很多以介绍与人交往类的书籍一起学习。在日常交往中，我们都可以以"敬而无失，恭而有礼"为准绳，并辅以其他具体工具和方法，帮助自己拥有更好的人际关系。

遵守基本的与人交往准则，可以让我们朋友遍天下。但人的精力有限，不可能和所有人都能经常接触。经常接触的人是哪些人？朋友一起经常做哪些事？不同的人、不同的事会对我们的成长造成不同影响。

下一节：和什么样的人交朋友？

孔子曰："益者三友，损者三友。友直，友谅，友多闻，益矣。友便辟，友善柔，有便佞，损矣。"

孔子曰："益者三乐，损者三乐。乐节礼乐，乐道人之善，乐多贤友，益矣。乐骄乐，乐佚游，乐晏乐，损矣。"

曾子曰："君子以文会友，以友辅仁。"

第二十一节　和什么样的人交朋友?

"人类智力允许人类拥有稳定社交网络的上限，是 150 人"，这是著名的"邓巴数字"推断出的答案。

经常跟什么样的人在一起，就会被身边的人影响，所谓"近朱者赤，近墨者黑"就是这个道理。既然朋友的数量有限，那就需要我们更多结交对自己的成长有益的朋友，也应通过自身努力，成为别人身边的益友。

孔子曰："益者三友，损者三友。友直，友谅，友多闻，益矣。友便辟，友善柔，有便佞，损矣。"

孔子说："使人受益的朋友有三种，使人受害的朋友也有三种。同正直的人交友，同诚信的人交友，同见闻广博的人交友，这些是有益的。同善于走邪道的人交友，同善于装出和颜悦色骗人的人交友，同善于花言巧语的人交友，这些是有害的。"

身边的朋友都不会故意伤害我们，但因为我们对生活、对成长有不同的期待，便会有"益友"和"损友"的不同。

毕业4年的学生小郑跟我说，他同年级的同学小李跳槽去了一个单位做项目主管，目前部门正在扩招，待遇不错，问他去不去。他觉得工作挺好，但自己这几年积累的工作经验有限，无法胜任。

让小郑颇感触动的是，他记得同学小李毕业时去的岗位和自己差不多。时隔4年，小郑突然发现小李已经积累了丰富的工作经验并成功竞聘了单位的项目主管职务。小郑觉得，他和小李之间在职业发展上有了差距。

小郑说，他身边经常接触的朋友大多工作都不是很忙碌，下了班也很少加班或者学习，平时聚在一起吃吃饭、聊聊天，小郑也没觉得自己和别人有差距。突然和小李接触，才让他有了触动，他发现自己确实懈怠了不少，应该好好努力。

在日常生活中，我们如果能多和对自己成长有帮助的人交流，一定会益处多多。除了多和对自己成长有帮助的人交朋友以外，多和自己的好朋友一起做些有益成长的事，也是可供我们借鉴的交友之道。

学生小肖和小井是住在同一个宿舍里的好朋友，平时一起上课、一起玩儿。

他们宿舍卫生非常差，我找他们谈话，了解情况。

小肖和小井都爱交朋友，经常一起叫其他同学到他们宿舍去聊天、吃东西、玩游戏，结果每次都把宿舍弄得特别乱。

两个人的成绩也不是很好。谈话中，他们承认自己晚上玩得太兴奋、太晚，结果第二天上课都没有精神。

我问他们，你们很投脾气，是好朋友，那好朋友之间除了一起疯玩、疯闹，是否还能做点别的事？

他俩好像从来没有考虑过这个问题，愣了一下和我说，他们一直觉得好朋友就是一起玩的。学习是一件很痛苦的事情，所以就都自己去学，一旦上完课、写完作业，马上回宿舍玩。俩人从来不和对方讨论"痛苦的事情"。

经过和我谈话，他们发现彼此有很多共同爱好，也觉得可以一起结伴假期去设计院实习。而且发现互相督促着一起学习，也会比之前显得轻松。

朋友相处时，我们可以有意识地培养一些共同喜爱的、有益于身心健康的事情去做，与朋友一起，因彼此的陪伴和鼓励，更容易战胜成长中的困难，一起实现梦想。

即使是一群朋友聚会，因选择不同的话题，也会产生"益"和"损"的不同结果。

孔子曰："益者三乐，损者三乐。乐节礼乐，乐道人之善，乐多贤友，益矣。乐骄乐，乐佚游，乐晏乐，损矣。"

　　孔子说："有益的快乐有三种，有害的快乐也有三种。以礼乐调节为快乐，以称道别人的好处为快乐，以有许多贤德之友为快乐，这是有益的。以骄肆之乐为快乐，以游荡为快乐，以饮酒作乐为快乐，这是有害的。"

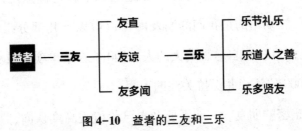

图 4-10　益者的三友和三乐

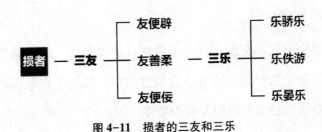

图 4-11　损者的三友和三乐

　　朋友难得小聚，有人觉得不喝个伶仃大醉，不玩儿个彻夜不归就不算朋友聚会，就不尽兴。其实不然，在节奏如此快的生活中，每个人的压力都很大，喝个大醉、通宵发泄固然会让我们减压，但会对身体有损伤并影响自己的生活。现在人们都提倡慢生活的休闲方式，如果能在忙碌了一段时间后，有个机会和三五好友安静地听听音乐，聊聊彼此事业、生活的进展而互相给点启发与建议，既能解压又会对彼此有益。

　　就算没有一个集中的时间能聚在一起，朋友之间互相通个电话，聊个微信，拿最让自己开心、最感兴趣的事来分享，简短的交流也能给彼此带来一份内心的宁静。

每个人的精力、时间都是有限的，如果我们用同等的时间、精力对待每个朋友，不但自己受不了，重要的朋友还会觉得被怠慢。我们可以尝试运用"5511"法则来经营自己的朋友圈，善待身边的朋友。

"5511"法则指的是我们的朋友圈可以由以下几部分组成：5位最亲密的朋友；50位对自己影响大的人；100位在某单项领域和自己有链接的人和1000位认识并保持关注的人。

5位最亲密的朋友，一般需要和自己价值观高度认同、互相对对方的脾气秉性很包容，彼此认识的时间相对较长，见证着彼此的成长，一起分享过很多秘密。

和最亲密的朋友交流，彼此很放松；通过交流，能让彼此被关心、被赋能。不管是遇到高兴的事还是难过的事，抑或是在最困难的时刻，知道自己有几个最亲密的朋友可以依靠。

能成为最亲密朋友的要求很多，需要投入的时间精力也很多，为此最亲密朋友的数量不会很多，5个左右足矣。

50位对自己影响大的人，这些人会时常出现在自己的生活里，他们可能是我们的同事、同学、老师，或者是一起共事的合作伙伴、一起参加学习的团队成员。

这些人的行为和思想会对我们产生很大影响。为此，我们需要有意选择接近对自己的成长有益的人。按照《论语》教导我们的那样，多同正直的人交友、同诚信的人交友、同见闻广博的人交友。

平时因工作、生活有交集，而和我们经常接触的人很多，他们也会或多或少地影响着我们对工作、对生活的看法。为此，我们需要有意识的选择更符合"益友"标准的人多接触，通过和他们相处，让自己多向他们学习。

100 位在某单项领域和自己有链接的人，这些人会因为某一个领域的突出表现正好是自己所关注的，从而和我们有链接。例如，对某项工作业务比较有经验的人、在某个单位比较熟悉某项业务的人、和自己的亲人一起上学、上班或周围的住户邻居等。

在平时，我们和他们接触并不多，但一旦涉及某个特定领域，我们便会和他们链接，会互相寻求一些帮助。

这些人虽然和我们的接触不多，但他们对某个领域的看法会影响我们对该领域的判断。在选择合适的链接对象时，我们可以遵循"成长型"特质来做判断。"成长型"的人更积极主动地适应社会发展需求，是能带给我们更多益处的人。

对于"成长型"的特点，我们可以从以下几个方面做出判断：

（1）对方是否更关注自我更新，而不是抱怨社会改变。

（2）对方是否经常有很多新知，而不是重复陈词滥调。

（3）对方是否有例如：读书、写作、运动等提升自我修养的习惯。

（4）对方是否能积极面对生活，从不同的事情中收获益处。

选择"成长型"的人作为我们在某单项领域和自己有链接的人，他们给出的建议会让我们更收益。

1000 位认识并保持关注的人，可能他们不认识我们，但我们可以一直在关注着他们。比如社会精英、文体明星，甚至是已故的领袖、榜样人物等。

这些人的故事会给我们带来面对自身困难的勇气，从他们的身上，我们也能学到更多可贵的品质。

选择哪些人、选择这些人的哪些故事作为自己学习的榜样，主动权都在自己手里。他们会过着他们的生活，我们其实并不了解他们最真实、最全面，但这并不影响我们用他们的故事激励自己过好每天的生活。

通过对《论语》的学习，我们了解到"益友"和"损友"的区别，希望我们能通过"5511 法则，梳理一下自己身边的朋友，帮助我们更好地和朋友相处。同时希望我们都能和"益友"一起做些对自己成长有益的事情。因为和朋友相处，就像是我们培养的日常习惯一样，都会对我们的生涯发展产生重要的影响。

曾子曰："君子以文会友，以友辅仁。"

曾子说："君子以文章学问来结交志同道合的朋友，并依靠朋友帮助自己培养仁德。"

所谓朋友，就应是志同道合的人。有共同的志向，一起学习，切磋学习心得，共同进步。这便是《论语》里提倡的交友之道。

身边多一些良师益友可以让我们的生活有更积极的收获。如何观察一个人是不是我们的良师益友呢？在评价他人时我们会有哪些常见的误区呢？

下一节：从三个维度观察人

子曰："道听而途说,德之弃也!"

子曰："视其所以,观其所由,察其所安,人焉廋哉?
人焉廋哉?"

第二十二节　从三个维度观察人

我们会因为别人的一句评价而改变对某个人的看法吗?想了解一个
人时,我们从哪几个角度着手呢?

子曰："道听而途说,德之弃也!"

孔子说:"从道路上听来了一些没有根据的话,就在道路上不负责
任地传播,这种道德作风是要不得的。"

不应该靠听到的一些只言片语,在没有亲身考察过,就当成确认的
事而再次传播出去。对一个人的评价也是如此,当有人告诉我们针对某
个人的描述时,自己需要确认,而不是马上把这些话当真。

即使我们知道不能"道听途说",应该通过一个人的所作所为来考

察一个人的品性。但具体又该如何考察一个人呢?《论语》中孔子的观人法,值得我们借鉴。

　　　　子曰:"视其所以,观其所由,察其所安,人焉廋哉?人焉廋哉?"

　　孔子说:"看一个人为了什么做事情,观察一个人做事情时所采用的方式或方法,考察一个人安心于做什么事情。那么,这个人哪里能够隐藏自己的真正面目呢?这个人哪里能够隐藏自己的真正面目呢?"

　　首先,是看一个人做事的动机,也就是为什么而做这件事。在别人遇到困难时送去问候,也可能是为了作秀;严厉的批评别人,也可能是真心为对方考虑。要通过了解一个人做事的动机来考察一个人。

　　其次,除了动机之外,要考察一个人做事的方式或方法,即使动机没有错,不同的人会采取不同的行为。为了能在事业上取得成绩,有人会加倍努力把业绩做好,有人会迎合领导投其所好。所以要通过做事的方式或方法来考察一个人。

　　最后,是看一个人安心于做什么事。最自然的状态下,一个人喜欢做的事代表着他的偏好和心境。在做自己喜欢的事时,这个人的状态是专注和积极的,也最能反映一个人的品格。

　　孔子觉得如果能结合这三点考察一个人就很全面了。即使一个人想有所隐藏也是隐藏不了的。

　　企业对人才的选拔,也会从"视其所以,观其所由,察其所安"三个角度对每个员工做全面的考察。

首先，企业要关注的是我们能为组织做出什么贡献？这并不是企业要回答我们的问题，而是我们要回答企业的问题。在现代管理学之父彼得·德鲁克的《21世纪的管理挑战》一书中讲到，评判知识工作者最首要标准就是要回答"能做出什么贡献？"。

当我们能明确回答出我们能为企业做出什么贡献时，才会以此为标准来判断我们应该做什么，应该如何做。每件事的对错判断，除了需要遵守法律法规和普世价值以外，我们都应问是否在为组织创造我们的贡献？

有时候可能做了很多事，但这些事并未带来我们应做出的贡献；有时候有些事我们自身没有错误，但事情结果与我们的贡献相违背，这样的情况都需要我们对做什么事、如何做事做出重新审视。

其次，企业会从我们过往的工作经历、实习实践经历中判断我们擅长什么。对于一个人能力的判断通常不会通过每个人自己的表述做出结论，而是通过每个人过往都做过哪些事、怎样做的、取得了什么成果来判断。

在发现每个人的长处后，企业会用心安排，尽量发挥每个人的长处来创造更大价值。作为个人，我们需要在做事的过程中不断总结自己成功的方式、方法，不断形成能发挥自身特点和优势的工作模式。同时，每个人的弱项如果限制了长处的发挥，则需要做出及时的修正和改进。

最后，企业要了解每个人最乐于做哪些事。如果能够安排一个人做自己喜欢的事，则企业需要给予的成本最低，但收益最高。我们如果能够做着自己喜欢的事，则会觉得最自然放松，同时能贡献很多的灵感和创造力。

我们在日常的行为中，通过做不同的事情，可以多思考最乐于做哪些事，在哪些领域自己最容易出现心流状态，最有可能迸发灵感和新点子。

	识人	自省	用人
视其所以	初衷	追求	价值
观其所由	行事	能力	长处
察其所安	安心	兴趣	创新

图 4-12　在三个领域运用三个维度观察人

"视其所以，观其所由，察其所安"既是我们在评价一个人时的重要依据，能够帮助我们不从表面下结论，不以道听做判断，也能成为组织开展人才选拔的好方法，将最适合的人放到最适合的岗位上发挥效益；"视其所以，观其所由，察其所安"又是我们做好自我提升的参照，问问自己做事的初衷和能创造的价值，总结自己做事方式或方法并形成自我风格，了解自己安于从事的事情心流状态，充分展现好自身优势，实现个人和所在组织的共同成长。

我们都希望自己要做个君子，不要做"小人"。《论语》里针对"君子"与"小人"的论述很多，我们一起来看看，哪些做法是君子的做法，应该多提倡；哪些做法是小人的做法，应该被杜绝。

下一节：能保证不做"小人"吗？

子曰："君子坦荡荡，小人长戚戚。"

子曰："君子泰而不骄，小人骄而不泰。"

子曰："君子喻于义，小人喻于利。"

子曰："君子怀德，小人怀土；君子怀刑，小人怀惠。"

子曰："君子周而不比，小人比而不周。"

子曰："君子和而不同，小人同而不和。"

子曰："君子成人之美，不成人之恶。小人反是。"

子曰："君子求诸己，小人求诸人。"

在陈绝粮，从者病，莫能兴。子路愠见曰："君子亦有穷乎?"子曰："君子固穷，小人穷斯滥矣。"

157

第二十三节　能保证不做"小人"吗？

如果有人夸我们是正人君子，那一定很高兴；如果有人说我们是个"小人"，那一定得跟他急，因为这不是在骂人吗？但仔细问一下自己，我们能保证自己所有的行为都符合"君子"标准吗？

看过《论语》后，我们对"君子"和"小人"会有更全面的理解。孔子认为"君子"是每个人应该努力追求的理想状态，是人们致力一生都应去追逐的目标。《论语》中提到的"小人"，是为我们指出人们在日常生活中容易犯的错误，提醒我们不要这样去做。我们没法保证自己所有的行为都符合"君子"做法，但在日常生活的方方面面我们应该以"君子"的做法要求自己，提醒自己不要做或减少"小人"的做法。

哪些做法被称为"君子"的做法，哪些做法又被称为"小人"的做法呢？《论语》里从一个人的"格局状态""价值追求""与人相处""问题审视"四个方面将君子与小人的不同之处做了对比论述，这四个方面几乎覆盖了我们平时"思"与"行"的方方面面。

第一个方面是格局状态不同。

　　子曰："君子坦荡荡，小人长戚戚。"

孔子说："君子光明磊落、心胸坦荡，小人则斤斤计较、患得患失。"

从个人的格局上讲，君子心胸开朗，思想上坦率洁净；小人则心里欲念太多，会对很多事斤斤计较。从外貌动作上会表现出不同，君子舒展安定，小人则忐忑不安。

一个人的格局会限定一个人的发展。心胸宽广的人，站位更高，思考的问题更深远，不会被过多的眼前事务所干扰。而患得患失的人，会更关注眼前的利益，围着身边的小事转圈圈，表面上看好像很聪明，实际却是得了芝麻丢了西瓜。

俗语说："相由心生"。一个人的心胸格局会外化在人的状态中，掩饰是掩饰不住的。不同格局的人，在外貌和神态上就会表现出不同来。

子曰："君子泰而不骄，小人骄而不泰。"

孔子说："君子安静坦然而不傲慢无礼，小人傲慢无礼却不安静坦然。"

如果一个人一直心胸宽广、胸怀坦荡，那他的心态就是平静而坚定的，时间久了，就会表现出泰然自若、谦和有礼的状态。就如《大学》里所说，"知止而后有定，定而后静，静而后能安"。如果一个人总是在计较得失，心里就会经常起波澜、患得患失，时间久了就会表现出傲慢无礼、毛毛躁躁的状态。

要做君子，我们首先就要让自己成为一个心胸宽广的人，坦坦荡荡地做事。只有把心胸打开，才能看到更远、容纳更多。

第二个方面是价值追求不同。

为什么君子和小人会出现格局和状态上的不同呢？这是因为他们的价值追求不同。追求什么，就会更多地在意什么、看重什么，久而久之就形成了不同的格局。

《论语》指出，君子的价值追求是"仁义"，小人的价值追求是"惠利"，两者截然不同。

子曰："君子喻于义，小人喻于利。"

孔子说："君子通晓大义，小人精明于利。"

君子和小人在行为处事的原则上是不同的。君子以仁义为准绳，以义统利，先义后利。而小人则不考虑仁义，为人做事皆以利去衡量，最终导致因利而害义。

为什么会出现喻于义、喻于利的不同呢？这是因为君子和小人平时的关注点不一样。

子曰："君子怀德，小人怀土；君子怀刑，小人怀惠。"

孔子说："君子念念不忘的是道德，小人念念不忘的是田产；君子心存典范和法则，小人一心想的是个人利益，求利而不顾礼法。"

这里体现的是君子和小人的关注点不同，君子关注"德和法"，小人关注"土和惠"。关注点不同，我们的想法和行为就会有所不同。"君子好财取之有道"，如果关注的是自身的利益，那这个"道"就很容易被突破了。

君子日常反思的是自己是否遵守了道德和法规，是否做到了修德修己；小人日常看重的是房产和名利，是怎样能占便宜，却不管是否违背了道德和法规。久而久之，君子和小人的行为标准就背道而驰了："君子喻于义，小人喻于利"。

一个人的修养和一个人的格局也是彼此关联的。修养比较高的人，格局也会比较大。经常在是否遵守道德准绳、是否自觉遵纪守法方面提高个人修养的人，自身胸怀就会坦坦荡荡。如果平时只是注意自己的得失利益，就会成为一个"长戚戚"的小人。

第三个方面是与人相处不同。

在对待朋友、与人相处方面，君子和小人也有不同。在《论语》中也作了阐述。

子曰："君子周而不比，小人比而不周。"

孔子说："君子与周围的人能够搞好关系而不是勾结，小人则往往勾结而不能与他人搞好关系。"

如果以仁义为原则，就会注重人与人之间的团结；如果以利益为原则，就会注重互相之间的利益互惠，搞小团体，但互相之间其实并不团结。

君子注重人与人之间的团结，并不是说互相之间没有不同的意见。君子之间的团结强调的是要"和而不同"，而不是要"同而不和"。

子曰:"君子和而不同,小人同而不和。"

孔子说:"君子能够和周围的人和谐相处,但不盲目附和,不同流合污;小人只盲目附和、求同,却不能和身边的人保持和谐的关系。"

这段话在告诉我们,每个人都需要有自己的独立思考、独立见解,并敢于发表不同意见。君子之间不会因为不同意见而心存芥蒂,"和而不同"是君子之间的相处之道。而小人则往往没有自己的独立见解、不讲原则,一味追求和别人保持一致,却又不能与别人融洽相处。

君子虽然会和别人有不同意见,但能和谐相处,在日常交往中会懂得"成人之美"。

子曰:"君子成人之美,不成人之恶。小人反是。"

孔子说:"君子成全别人的好事,不促成别人的坏事。小人却与此相反。"

君子的"和而不同",体现在对不同之处的互相尊重和互相欣赏,方可以做到"和"。对于别人的优点和长处,君子会努力成全、推荐、赞扬。诚恳地告诉别人在哪些方面,谁做得好,还能够给予适当的帮助,促成别人达成心愿。而小人则恰恰相反,因为小人的"同而不和",表面上一团和气,实际上对别人并不服气,也不会承认别人在哪些方面做得好,不会去成全、推荐、赞扬他人,甚至是会故意让别人把事情搞砸,即使发现了问题也不提醒。

所以,《论语》教导我们的君子交友之道,是以相同的道德标准作为互相交流的准绳，互相尊重又能各抒己见，互相欣赏又不结党营私。

第四个方面是问题审视的不同。

在遇到问题时，君子和小人也会从不同的角度找原因。

> 子曰："君子求诸己，小人求诸人。"

孔子说："君子多从自身的反省处找问题，而小人则相反，往往一味地苛责他人。"

工作、生活、与人相处时经常会遇到困难、遇到问题，这时，能多从自身找原因，找解决问题的办法，对待他人的错误则多宽容、多谅解，这样的行为是君子的行为。而小人往往会把问题归结到别人身上，宽待自己，厚责他人。

我们可以想想，当一件事出现了错误时，一个人跟你说："这个问题赖我，非常抱歉给您添了麻烦。"另一个人跟你说："真不是我的事儿，我该做的都做了，是谁谁谁没干好才这样的。"这时，你会更称赞哪一个人呢？

在遇到困难时，君子和小人也会采取不同的处理方法。

> 在陈绝粮，从者病，莫能兴。子路愠见曰："君子亦有穷乎？"
> 子曰："君子固穷，小人穷斯滥矣。"

孔子与其弟子在陈国断绝了粮食，跟随的人都疲惫不堪。子路愤愤不平地来见孔子，说道："君子也有窘迫的时候吗？"孔子说："君子虽然也会遇到窘迫，但能够安于穷困；小人一遇窘迫就无所不为了。"

当遇到困境时，才是最考验一个人的时候。平时都讲谦让礼貌，一遇到紧急情况就先考虑自己，这不是君子所为。在遇到困难时，君子仍不忘为人处世的道义，不会不择手段的无所不为。

人的一生皆会遇到顺境、逆境，在困顿时，能够安于其中，冷静思考，抑或是发现时境混乱而先专注深入学习、提升修养，这都是《论语》所提倡的做法。一遇到困境就慌乱，不顾道德、不守诚信，这样的做法实不可取。

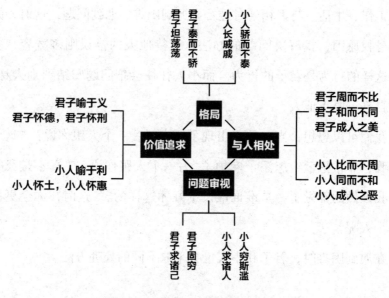

图 4-13　君子与小人的不同之处

通过归类《论语》中对君子与小人的不同之处，我们能更好地在"个人格局""价值追求""为人处世""问题审视"四个方面给自己定出目标，以《论语》中所说的君子的做法来要求自己，以所说的小人的做法来警示自己。

日常很多行为处事的方式、方法，处理不好就有可能往君子或小人的方向有不同的发展。这就需要我们经常通过自省来不断提高个人修养，做好个人行为纠正。那么，如何进行自省呢？

下一节：通过反思不断认知自我

第五章

如何看待过往得失

曾子曰："吾日三省吾身：为人谋而不忠乎？与朋友交而不信乎？传不习乎？"

第二十四节　通过反思不断认知自我

小徐大学一年级时成绩一般，各方面都不是很出众。他们年级有很多很优秀的学生，我没有特意给小徐安排什么学生工作，但他总会跟着别的学生一起来开会。在和别的学生交流时，我发现他听得很认真，并且一直在观察着每个人。

大二的时候，小徐的成绩有了提升，因为他做事稳重、细致，学长们也会带着他做很多学生工作。在一次学院内组织的活动中，小徐的学长跟我推荐让小徐担任一个环节的主持工作，虽然他经验不足，但人很积极，于是我就同意让小徐去锻炼锻炼。

结果小徐主持活动的过程中出现了两个小插曲：该放视频的时候视频放不出来；念嘉宾老师的名字时念错了字。

但小徐在现场并没有慌乱，更没有指责别人，而是找视频播放问题的原因，发现确实播放不了时，就推进到下一个环节。在主持的间隙，再次核准嘉宾老师的姓名，等合适时机时做了更正和道歉。

　　事后我俩聊天，小徐跟我说，他不怕遇到失误。在过去的一年多时间里，他经常注意改正自己的错误，也注意观察别人做事时好的或不好的地方，给自己提醒。

　　到了大三时，小徐负责一项重大活动的组织工作。他的学弟学妹们都觉得他很有经验，对于每个环节都能很专业的提出建议和注意事项。他的学业成绩也已相当优秀。

　　临近毕业，我问小徐所在专业的系主任老师，让她从学业成绩、社会工作两个维度挑选一下她认为最优秀的三个学生。小徐是唯一的一个同时出现在这两份名单里的人。

　　毕业典礼后，我和小徐说，"回顾你的大学生活，我觉得你一年跨一个台阶，进步特别明显。现在回想你大一时的样子和即将毕业的你相比，简直就是两个完全不同的人。"

　　小徐跟我说："我一直觉得自己很普通，身边有很多特别优秀的同学和老师，我就经常观察他们，并和自己对比，看看自己哪方面可以提高。我也没想到，我能做到这样，竟然获评了优秀毕业生。"

　　在观察别人的过程中自我反思，并不是给自己挑毛病、贬低自己，而是在朝着目标努力的过程中，通过反思及时发现自身的不足并努力改进。

　　善于自我反思，可以及时提醒自己修正，从而更好、更快的成长。

　　曾子曰："吾日三省吾身：为人谋而不忠乎？与朋友交而不信乎？传不习乎？"

"吾日三省吾身"这句话可谓尽人皆知。"修身正己"是儒家思想中的重要内容,"吾日三省吾身"就是在讲自我反思的方法。这里的"三"指多次的意思。本章还举了三个例子帮助人们理解如何"自省":帮助别人时是否尽心尽力?对待朋友时是否诚实守信?老师的学说是否在实际行动中践行贯彻?

历史上还有很多关于自我反思重要性的论述:

"日省其身,有则改之,无则加勉。"

——朱熹《四书章句集注》

"君子博学而日参省乎己,则知明而行无过矣。"

——《荀子·劝学》

"夫以铜为镜,可以正衣冠;以古为镜,可以知兴替;以人为镜,可以明得失。"

——《旧唐书·魏徵传》

人的成长需要自我反思,不断发现不足、日臻完善,清晰目标、不忘初心。如果我们每日能问清楚《论语》中提到的这三个问题:是否做到尽忠、守信、传习?并在次日修正己身,就非常了不起了。

借鉴《论语》中提出的"吾日三省吾身"中讲的三项自我反思内容:"尽忠""守信""传习",我们可以结合当今社会对个人成长的需求来问自己:在自己本职工作中是否做到了尽心尽力;在与人相处中是否做到了诚实守信;在个人成长方面是否做到了学习实践。

我们平时所做的事情主要围绕个人成长、事业发展、与人交往这三个方面开展，结合论语中"吾日三省吾身"的教导，及时反思自身是否做到了"传习""尽忠""守信"，不断为自己纠偏，不断提醒自己在做好每件事的过程中，不断超越自我。

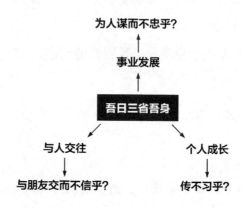

图 5-1　从三个方面做到吾日三省吾身

如果突然有人问：请你评价一下自己。有可能我们会语塞，不知从何说起。想对自己有个全面且客观的评价并不容易。通过做事不断反思的过程，也是不断了解自己的过程。通过反思，自己更清晰的了解自身的兴趣、能力和价值追求。见过的每个人、做过的每件事，都如同在我们面前立了一面镜子，让我们有机会看清自己。

乔哈里视窗理论明确地告诉我们，每个人都有不被自身察觉的一面，等待着我们自己去发现。每个人对自己的认知都包括"公开区、隐藏区、盲目区、封闭区"四个区域。我们可以看出，公开区和隐藏区是自己知道的部分，例如，自己的公开信息、经历和爱好或者自己的秘密等；而盲目区则是别人知道，而自己并不了解的部分，例如，不易察觉的不良习惯、某些处事方式或别人对自己的感受等；封闭区则是未发现的部分，比如潜能或者疾病。

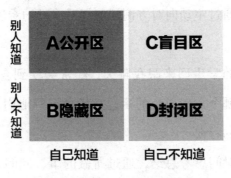

图 5-2 自我认知的四个区域

《论语》中的自省，主要从主观角度，对自己做人是否诚实守信，做事是否尽心尽力，是否学习实践每日所学。结合乔哈里视窗理论，我们能够理解，自己对自己的认知与评价并不全面，我们可以通过丰富"自省"的角度，从主观、客观的不同方面，给自己以更全面地评价、更全面的自省，为自己的成长提供更好的帮助。

对乔哈里视窗中提出的"自己不知道，但别人知道"的区域往往是我们需要及时了解的部分。通过对这部分的了解有助于我们能更全面、客观地进行自我评价。应该如何加强对这部分的了解呢？

生涯教育中的"360 度反馈"方法，本身是企业管理中对员工的绩效评价方法，通过增加除了自身上级以外多维度的评价，综合全面考核一个员工的绩效。引用到生涯教育中，能帮助我们通过多个维度给予自己评价，更好的认知自己。

比如，在大学期间，我们身边有老师、同学、父母；工作之后，我们身边还有上级、同事、伴侣，在和这些人交流时，我们可以把"自省"当成是自己在交流过程中的一项收获。可以通过听别人谈论自己的成长经历、工作方式来审视自己在同样事情的处理上有没有可以借鉴的地方，也可以通过主动向对方询问他们对自己的看法，来获得更全面的自我评价。

有工作几年的学生回来跟我聊天，经常会谈到自己不清楚自身优势，不知道应往哪个方向成长的话题。我会提醒他们，应在日常工作、生活中养成自省的习惯。

多利用空闲时间思考总结，通过所做的事，问问自己哪些做得好、哪些可改进；问问自己向往哪些事、希望坚持什么？也可以通过身边人对自己的反馈，全面认知自己。

我们可以借助《论语》中的"吾日三省吾身"问题："为人谋而不忠乎？与朋友交而不信乎？传不习乎？"先问问自己对这几个问题的答案，及时发现一些需要改进的问题。

然后再让和自己关系比较亲近的：伴侣、朋友、亲人、同事、同学、老师等人一起结合这些问题给自己一个评价，汇总这些答案后，能让我们看清自己，找到前进的方向和动力。

通过对"吾日三省吾身"的理解，希望我们能意识到"自省"的重要性，并理解到"自省"的目的是更好地成长。通过西方生涯教育理论中自我认知的方法，帮助我们从主、客观的多个维度，利用"360度反馈"方法，更高效地做到、做好"吾日三省吾身"。

通过与他人接触进行自我反思，能促进我们发现自身不足，也能提醒自己别犯同样的错误。在发现自身不足时，如果没有树立长期主义的思想，则很容易陷入自责中，反而减缓前进的步伐。

下一节：以他人言行为标尺督促自身成长

子曰:"见贤思齐焉,见不贤而内自省也。"

孔子曰:"见善如不及,见不善如探汤。"

第二十五节　以他人言行为标尺督促自身成长

上一节,我们通过学习《论语》,理解了自我反思的重要性。也通过《论语》和生涯教育的结合,知道可以在哪些方面进行自我反思,并能在自我反思中不断认知自我。

在日常生活中,我们看待身边人与事的不同方式,也会影响到我们如何反思,并最终影响个人成长。

小曲大一第一学期的成绩很不错,但第二学期突然不认真学习,并出现了多门课程不及格,我和辅导员一起同他谈话,希望他能重视自己的学业。

谈话的时候,我感觉小曲非常惊慌。显然,他没有意识到自己一个学期的放松,竟然会出现这么严重的后果。但遗憾的是,他没能及时调整自己的状态。

第二学期期末,小曲因为继续出现多门课程不及格,面临降级试读的风险，我和其他几位老师一起同小曲及其父母讨论小曲的学业问题。

小曲第一学期的成绩很好，所以他不存在学习基础问题，而且也适应了大学的学习方法。但从第二学期开始，为什么成绩下降如此严重呢？

小曲低头沉默了一会儿，然后说道："王老师，我家里并不富裕，来上大学不容易，这我知道。我刚上大学时就想着踏踏实实的好好学。但我发现有的同学，将来可以凭着家里的关系找到一个不错的工作。所以，根本不努力学习。我就在想，我凭什么要这样努力！"

我说："这样的同学确实存在，他们有他们的选择。除了关注他们，你是否也看到了每天晚上，满满挤在教室学习的同学？每天上课争着坐在最前面听课的同学呢？身边的同学都可以促进我们自己的成长，不取决于别人怎么做，取决于我们怎么学。"

在我们成长的过程中，会遇到很多人，每个人都有自己的行为方式和价值追求，不管看到做得好的还是做得不够好的，其实都可以成为我们面前的镜子，督促我们成长。

子曰："见贤思齐焉，见不贤而内自省也。"

孔子说："看见贤者应想着向他看齐，看见不贤的人则应反省自身。"

当发现身边的人做得好的地方，如果我们能想到自己是否可以向对方学习，以其为目标去努力，那就朝着个人成长迈进了一大步。通过与他人比较，能够帮助我们找到自己实现目标的好方法。尤其是能有机会听一听对方总结的经验和感悟，这些都是高度凝练和经过筛选后的好做法，能帮助我们更好地取得成功。

当发现身边的人做得不够好的地方，我们也可以问自己在处理同样的问题时是否能做得更好？还是即使知道不对，也会和对方一样？

这样的思考，一方面能帮助我们更好地理解他人，另一方面也能进行自我觉察，看看自己在认知、行为方面能否有借鉴、有提高。

能通过周围的人和事发现可以学习和借鉴的地方是件好事，若只是发现而不急着在自身的行为中加以借鉴，对自己的成长也是无益的。

在发现了自身的问题后，对于改正要有紧迫感。

孔子曰："见善如不及，见不善如探汤。"

孔子说："看到善良的行为，就像赶不上似的；看到不善良的行动，就好像把手伸到开水中一样赶快避开。"

对于已经看到的自己需要去学习或者需要借鉴的方面，应该如担心赶不上和担心被水烫到的状态一样，抓紧时间去修正自己。

正所谓"知易行难"，认识到自己的不足只是成长的开始，只是"思齐""自省"而不采取任何实质行动，这份思考也就没有实际意义了。要有一份急切的心态，尽快和好的对齐，摒弃不好的行为。

比如，长跑。当有个人在离自己不远的前面跑时，我们会想加把劲赶上他，甚至超过他。如果我们这时没使劲，而对方慢慢拉开了和我们之间的距离时，我们就会想，那就算了吧，反正也很远了，追也追不上。

日常的学习、成长也是如此。当发现一些小的差距时，别犯懒，赶紧学会、赶上，养成这样的好习惯，我们会一直和优秀的人比肩同行。

子曰："已矣乎！吾未见能见其过而内自讼者也。"

孔子说："算了吧！我没见过能看到自己的错误就在心里自我责备的人啊。"

在日常生活中，我们经常会埋怨自己没有做到"见贤思齐"。明明知道对方做得好，但自己为什么就是不能做到努力向对方看齐呢？怎么总是给自己找借口呢？

当这种埋怨自己的想法多了，反而成了个人成长的负担，慢慢丢失了自信心。

其实，能做到"见贤思齐，见不贤而内自省"是件很难的事。孔子都感叹他没见过敢于自我谴责自己错误的人，我们又何必过于急切的要求自己马上就要做到呢。

人有过而能自知者鲜矣，知过而能内自讼者为尤鲜。能内讼，则其悔悟深切而能改，必矣。

——朱熹《四书章句集注》

能做到自省、有过而自知、自知而能内自讼的人非常少。当发现自己没能及时改正自身不足时，并不用太懊悔，而是要将注意力放到和之前的自己比有了哪些新的进步？又有了哪些新的感悟、采取了什么新的行动？

　　只要能坚持不断的"自省""自知""自讼"，我们就一定可以慢慢改正我们的不足，我们的成长必然超出我们的想象。

　　观察别人的行为是为了更好的认知自己。我们会通过和别人接触的过程，发现值得自己学习或应警惕的部分；通过和别人接触，也能更清楚的认识自己的优势和不足；通过别人给予的评价，了解自己哪些方面做得好，哪些方面要提高。

　　我们在观察别人行动而进行自我反思的时候也容易进入一些误区：没有关注自身的不足，而是过多抱怨环境的不公，觉得自己比别人学习成绩差就是因为高考志愿填报没填好，导致整个大学四年都没能取得好成绩；过多关注自身做得不够好的地方，过度自责，导致做事失去信心，觉得自己不像别的同学那样能把当众表达做得特别好，就认为自己是个不擅长与人沟通的人，将来一定要避免从事与人打交道的工作。这些都不是正确的自我反思。

　　我们应该理解到，自我反思是人们成长的动力源泉，自我反思的目的是让自己更清楚成长的目标、路径和具体的行动，并为此继续努力。从发现不足到改正不足需要保持长期主义的想法，把时间维度拉长，靠着日积月累的进步，不断改正不足、逐渐成长。

　　改正自己的不足需要付出很大的努力。我们的过往经历会积累很多的习惯，我们是带着这些习惯前行的人。之所以能走到当前的人生状态，和我们过往经历积累有直接的关系。如果想改变我们的习惯，就相当于我们要先抵御自己过往经历所形成的惯力，而后再调整方向，重新发力。让自己的生活在新的习惯下，步入正常轨道，需要我们持续发力。

人们往往会高估自己一年的努力，却会低估自己十年的努力。比如，一个经常锻炼身体的人，坚持锻炼一年后，和自己的同龄人之间没有特别明显的差别；如果这个人坚持锻炼十年，他的状态和同龄人之间就会有非常明显的差别。所以，当我们发现自己不能很快改正不足时，也不用气馁。只要坚持努力，便会看到自己的变化。

在《掌控习惯》这本书中，作者詹姆斯·克利尔提到，人们很容易高估某个决定性时刻的重要性，也很容易低估每天进行微小改进的价值。改进1%并不明显，有时甚至不引人注目，但它可能更有意义，特别是从长远来看。随着时间的推移，一点小小的改进就能带来惊人的不同。

1%的改进毫不起眼，如果一年内每天都能进步1%，一年完成时就将进步37倍。

更有意思的是，这种改变不是渐进式的，而是跳跃式的。这种跳跃式的改变，就是长期主义者会享受的最大红利，因为只有努力的时间够长，才有可能实现这样的跳跃式成长。

一个人能够通过自我反思自觉发现自己的问题，又能自觉改正这些问题，是非常不容易的。如果我们自己做到了，哪怕是改正了很小的一个习惯，我们都应该给自己鼓掌，并且要鼓励自己坚持，将这些改变内化为生活的习惯，而后坚持持续改变，相信时间越久，收获越大。

自省的时候，难免会发现自己有过失的地方。我们应该如何看待这些过失呢？大事化小、给自己找借口？悔恨不已、过于自责？有没有更好的应对方法呢？

下一节：不愿改正的过错才是过错

子曰："过而不改，是谓过矣。"

子夏曰："小人之过也必文。"

子贡曰："君子之过也，如日月之食焉：过也，人皆见
之；更也，人皆仰之。"

第二十六节　不愿改正的过错才是过错

忙碌的工作日下午，我在教学楼间穿梭，脑子里想着自己今天需要
处理的事情，这时电话铃响起。

一个名字显示在手机上：小孟。"王老师，我是小孟，你还记得
我吗？"

"我当然记得你，最近还好吗？"

小孟给我的印象太深刻了。他大一入学时的成绩还不错，但后来就
每况愈下，降级试读了两次都没有摆脱学习成绩不佳的困境。

在他读大学的日子里，我们一直在通过各种方式提醒他、督促他。
一次次的帮他制定学习方案，但他就是学不下去。

最终，在别的同学都欢声笑语的庆祝大学毕业时，小孟只能拿着肄业证书离开校园。

肄业，相当于不承认他大学的学习，而是以最高学历是高中为起点，走进了社会。

"王老师，我要请你吃饭。"电话里的声音把我从回忆中拉了回来。小孟说："毕业时您帮我找到了工作单位，我当时想请您吃饭，您拒绝了。您说等我当上了项目经理时再请客。今天单位任命我做生产经理了，虽然离项目经理还有点差距，但我觉得我可以请您吃饭了，您有空吗？"

"有空！这顿饭我必须吃。"

小孟跟我说，刚开始工作的时候，他很没自信，但他知道这是最后的机会了，再不努力自己就真的没救了。从最基层的资料员做起，小孟认真的整理项目的每份资料。在工地缺人的时候，他就去帮着搬砖、筛沙子。

踏实的工作，让他赢得了同事们的认可，他也慢慢地找到了自信。

这几年，他通过在职学习拿到了本科文凭，参加了建造师的考试，终于开始担任项目的生产经理了。

"王老师，我被任命为生产经理的那一刻，马上就想要给你打电话，我要好好谢谢你，是你的话给了我动力。"

我微笑着回复他，"这顿饭我吃得特开心。但你的动力来自你的内心。你没有被挫折打倒，能够站起来继续前行，我相信将来再没有什么困难会难倒你。"

人总是要犯错的，在生涯发展中，错误带给我们每个人的启迪会更深刻，影响会更深远。我们犯的错误，能否在生涯发展中起到积极作用，关键在于如何看待它。

在青年阶段，我们犯错的概率会更大。谁都不愿意犯错，这些过失有时会让我们对自己产生否定评价，这些否定评价会导致我们不敢继续某些方面的尝试，严重的会出现自暴自弃的情况。

之所以会被这些错误影响，是因为我们把错误看得太重了。

什么样的错误才算错误，什么样的过失才算过失呢？我们看看《论语》里的解读。

子曰："过而不改，是谓过矣。"

孔子说："有了过错却不改正，这才叫真的错了。"

有过错是正常的，只有不改正的过错才是真的过错。我们能及时改正过错，在孔子看来，不算什么过错。

孔子夸奖自己的得意门生颜回时说，颜回能做到"不贰过"，也就是不重复犯同样的错误。能做到"不贰过"，就能成为孔子向别人夸奖的得意门生了，那我们干嘛还担心自己犯错呢？

只要做事就有可能会犯错，在每天的积极探索中发现问题，总好过虚度年华、杞人忧天的人生更有意义吧。

所以，犯错误并不可怕，也不用过多自责。重要的是我们能否做到"不贰过"。而要做到"不贰过"，实际上就是要做到"有过则改"。只有"过而不改"的错误，才能称之为"过"。

想做到"过而改之"，重点是在做事出现错误时，我们能否正确看待错误：是急于第一时间给别人解释自己犯错的原因，让别人承认自己是无心之过，或者赶紧掩饰起来，争取别让别人发现；还是坦然面对，主动承认，并通过之后的努力改正自己的错误。

在初入职场或者刚开始从事某项工作时，难免会出现一些差错。有些事做错了，有的人会马上找领导说："这不是我的错，是因为某某某做了什么，而我不知道，所以我才出现这样的错误的。"

其实，这个阶段，我们所犯的错误都不会是什么大错，犯错误不要紧，领导、同事会通过我们对待错误的态度和做法来作出对我们的评价。如果一个人在犯了错误后，会主动承担并努力修正自己的错误，结合相关问题提出一些解决问题或者规避问题的方法，我相信大家不会批评这个人，反而会对其称赞的。

对待错误的态度，表现出一个人的人品。我们通过《论语》中的两句话来对比品读。

子夏曰："小人之过也必文。"

子夏说："小人对过错必然加以文饰。"

子贡曰："君子之过也，如日月之食焉：过也，人皆见之；更也，人皆仰之。"

子贡说："君子的错误就像日食和月食一样，他犯错了，人人都能看见；他改正错误，人人都仰望他。"

"人非圣贤，孰能无过。"对一个人的评价往往并不来自他犯的错误，而是来自其对待错误的态度。

知错能改的人，人们对他的尊重不会降低，反而会佩服他、敬仰他。

从生涯发展的角度看，我们积极主动面对错误的态度，在团队合作中代表着一份担当、一份责任；在个人成长中代表着一份自信、一份进取。

面对错误时，必要的解释有利于了解清楚问题产生的原因，但过多的解释就成了掩饰，即使解释的再充分，也是对责任的推卸。从一个团队的角度出发，最重要的是大家齐心协力分析问题，以确保同样的问题不会再次出现。如果过多的解释自己出现问题的原因，就如同把自己和团队剥离开了，必然不会得到其他成员认同的反馈。

当我们发现，明明不是自己的错误，想多解释几句，但大家都不太想听，自己觉得很委屈，认为大家都冤枉自己。其实大家可能并不是要责备我们，只是希望把时间花在如何修正问题上，认为既然大家是一个团队的成员，就不分彼此，过分厘清到底是谁的错误，并没有太大的意义。

积极主动面对错误的态度，对个人成长的影响也很大。遇到错误就不愿意再去尝试，是人们的天性。小孩子如果无意中碰到了仙人掌的刺，我相信再也不用大人提醒，他也会躲得远远的。然而，成年后我们会发现，每次正视并跨越自己曾经的错误，都像是在跨越成长的阶梯，会让自己有了新的提升。

中国晚清著名军事家、战略家曾国藩曾勉励其弟遇到挫折应再次振奋时，讲到自己在剿灭太平天国运动时经历了两次惨痛的失败战役，自己曾跳江自尽，幸亏及时被救起。而后他痛定思痛、深度自省，积极寻找解决问题的方法，最终实现自我转变。

安知此番之大败，非天之磨炼英雄，使弟大有长进乎？谚云：'吃一堑，长一智'，吾平生长进，全在受挫辱之时。务须咬牙励志，蓄其气而长其智，切不可自馁也。

——《曾国藩家书》

平生长进，全在受挫辱之时。在我们成长的过程中也会或大或小的犯错、遭遇失败，面对这些错误、失败时的态度，则影响着我们的生涯发展。

一个经历挫折、错误而改正的人，必然会受到他人的敬仰。

我们是从什么时候开始害怕失败、害怕犯错的呢？当我们还是婴儿时，我们学习走路、说话，跌倒了、说错了，不会害怕和丢脸。后来，我们懂得多了，反而开始害怕失败、害怕犯错了。

斯坦福大学心理学家卡罗尔·德韦克发现了思维模式的力量。她在《终身成长》中表明，我们获得的成功并不是能力和天赋决定的，更受到我们在追求目标的过程中展现的思维模式的影响。她介绍了两种思维模式：固定型与成长型，它们体现了应对成功与失败、成绩与挑战时的两种基本心态。你认为才智和努力哪个重要？能力能否通过努力改变？决定了你是会满足于既有成果还是会积极探索新知。只有用正确的思维模式看待问题，才能更好地达成人生和职业目标。

在《终身成长》这本书中提到的成长型思维的表现方式：例如，关注过程、勇于挑战自己的舒适区等，都能够帮助我们摆脱固定思维的束缚，取得更大的成功。

《论语》中讲到的"过而不改，是谓过矣。""更也，人皆仰之。"等观点，都是对成长型思维很好的解读。结合《论语》，在遇到具体问题时，我们能更好地化解情绪、调整心态，始终以成长型思维来指导自己的行为。

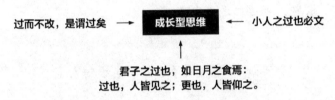

图 5-3　依托《论语》理解成长型思维

能够多从他人角度出发考虑问题，懂得换位思考，一直都是件很难的事。懂得换位思考便能把成长的主动权把握在我们自己手中。

下一节：将主动权把握在自己手中。

子贡问曰："有一言而可以终身行之者乎?"子曰:"其恕乎! 己所不欲，勿施于人。"

子曰:"夫仁者，己欲立而立人，己欲达而达人。能近取譬，可谓仁之方也已。"

子曰:"不患人之不己知，患不知人也。"

子曰:"不患人之不己知，患其不能也。"

子曰:"君子病不能焉，不病人之不己知也。"

第二十七节　将主动权把握在自己手中

子贡问曰："有一言而可以终身行之者乎?"子曰:"其恕乎! 己所不欲，勿施于人。"

子贡问道："有没有一个字可以终身奉行的呢?"孔子说:"那大概

就是恕吧，自己所不想要的，不要强加给别人。"

孔子一生都在倡导仁政，把仁爱思想广泛传播于社会。"己所不欲，勿施于人"，是孔子提出的施行仁政的具体做法之一，也是最重要的做法，因为他认为一个人一生所应奉行的最基础的准绳就是"己所不欲，勿施于人"。

只有懂得换位思考的人，才会在遇到事情时做到"己所不欲，勿施于人"。觉察到自己的感受是本能。我们会清楚地知道自己遇到什么事时会不高兴，但别人遇到同样的事是否也会不高兴呢？这需要我们靠换位思考才能理解。当没有人提醒我们，就能率先想到"己所不欲，勿施于人"，就能先替别人着想，这样的做法一定会得到周围人的称赞。

青年人会在长辈的呵护中成长，会更注重自己的感受是否能被别人理解；自己的愿望是否能得到满足。来到集体生活中，我们能否照顾他人感受，做到换位思考呢？其实对每个人而言，"己所不欲，勿施于人"需要我们靠日常小事来不断磨炼，让自己养成换位思考的习惯。

在进入高校生涯教育之前，很多青年人没有集体生活的经历。从和家人一起住，变成了宿舍伙伴一起生活，大家都需要照顾到别人的感受。有的同学很晚回来却还在宿舍里大声说话，有的同学不及时倒垃圾、乱放东西。这时候就是锻炼用"己所不欲，勿施于人"来思考问题的时候，如果能换位思考，多从别人的角度考虑问题，照顾别人的感受，我相信宿舍里的同学们都会感受到善意，宿舍关系也会越来越融洽。

"己所不欲，勿施于人。"那对于自己乐于去做的事，又应如何与他人共处呢？

子曰："夫仁者，己欲立而立人，己欲达而达人。能近取譬，可谓仁之方也已。"

孔子说："所谓仁者，自己想有所成就，也帮助别人有所成就；自己通达，也帮助别人通达。能够以己之心推及别人之心，将心比心，这是实现仁德的方法。"

成就自己，是我们对成功的一种定义。成就自己的同时能够成就他人，或因成就他人而成就自己，显然这样的成功是更高层次的成功。试想一下，当我们了解到某个人通过自己的努力，为身边的人或为整个社会在某个领域做出了贡献，这样的人是不是很值得我们尊重，值得我们为他们鼓掌呢？

和"己所不欲，勿施于人"一样，"己欲立而立人"的道理对于20岁左右的青年人而言，践行起来是有挑战的。青年人正是希望通过努力学习、积极储备，而能够在适当的场合展现自己的才华，希望能够尽快在社会上立足。能做到如此的青年，就已经非常优秀了。但从长远来讲，能够理解并努力践行"己所不欲，勿施于人"和"己欲立而立人"的人，更会受到身边人的赞许，更会遇到愿意帮助自己的人，人生的道路也会越走越宽广。

夫富而能富人者，欲贫而不可得也；贵而能贵人者，欲贱而不可得也；达而能达人者，欲穷而不可得也。

——刘向《说苑》

　　一个人如果能做到成全别人成功，那其自身也会受到别人的尊重和爱戴。

　　面对自己不喜欢或喜欢的事，我们可以依照"己所不欲，勿施于人"和"己欲立而立人"的道理来指导自己的行为。但是当我们遇到别人不理解自己时，又该如何对待呢？

　　子曰："不患人之不己知，患不知人也。"

　　孔子说："他人不了解自己并不足以令人担心，最为令人担心的是自己缺乏处事识人的学问，以至于不能了解他人。"

　　当面对被误解时或发现身边的人并不理解自己时，我们会不会埋怨对方？会不会将问题归结到别人身上，甚至希望用同样的方式来回击？静下来想想，如果是这样思考问题，会让自己陷入一个痛苦的漩涡中，也会让事情变得更糟糕。

　　换个角度看看有没有解决问题的方法。当发现别人没有理解自己时，不去忧虑，而是想想是不是对方所处的立场自己并未完全理解？或者是否有些隐情而自己并不知晓呢？

　　"患人之不己知"，就是把解决问题的主动权交到了别人手上，自己需要等待别人的行为而改变自己的处境。"患不知人"，则是将解决问题的主动权把握在自己手里，靠自己的思考和行为来解决困境。

　　通过这种转换角度思考问题，我们把解决问题的主动权牢牢攥在自己手里，并通过加深自己对问题的理解、通过改进自己的行为来做到"知人"，在这样的过程里，自己的学识、修养一定会获得提高。通过提高自身的学识、修养达到让别人更了解自己的效果。

　　　　子曰："不患人之不己知，患其不能也。"

　　孔子说："不担心别人不了解自己，只担心自己没有使别人了解自己的本领。"

　　　　子曰："君子病不能焉，不病人之不己知也。"

　　孔子说："君子只担忧自己没有才能，不怕别人不知道自己。"

　　《论语》中的这两句则更明确地在教导我们，面对别人的不理解、不认同时，应将注意力放到提升自身知识水平和个人修养上，通过自我改变来改变周围人对自己的认知。

　　在《高效能人士的七个习惯》中提到了关于"关注圈和影响圈"的观点与《论语》这段话有相通之处。

　　"关注圈"内的事物指我们平时关注的事，"关注圈"中有些可以被掌控，有些则超出了个人掌控的范围，能被掌控的部分被圈成一个较小的"影响圈"。积极主动的人专注于"影响圈"，他们专心做自己力所能及的事情，他们的能量是积极的。通过这些积极的行为能使自己的"影响圈"扩大。

　　而消极被动的人则全神贯注于"关注圈"。关注那些自己无法改变的事，就等于是让自己受制于外界条件，而不愿主动采取必要行动来积极推进变化。

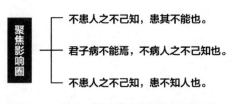

图 5-4　依托《论语》理解聚焦影响圈

　　聚焦"影响圈",并努力扩大"影响圈",是在告诉我们用积极的思维方式面对周围的人与事。而《论语》中提出的"不患人之不己知,患其不能也。"也是在告诉我们应关注通过提高自身能力而让别人理解自己,同样是需要我们把握自己能掌控的部分,扩大自身"影响圈",而不是去过多关注别人的评价。

　　"君子病不能焉,不病人之不己知也。""不患人之不己知,患不知人也。"《论语》中的这些观点同样是在教导我们应关注"影响圈",从自身出发找到解决问题的办法。在这个过程中,我们的"影响圈"会不断增大,才能专注自己能做的事,传递更积极的能量。

　　将注意力从别人转为自己,让我们的成长受自己把控。同时,不过多为过去的事纠结,多思考未来,同样会将成长的主动权把控在自己手里。

　　下一节:别用未来给过去买单。

子曰："成事不说，遂事不谏，既往不咎。"

"往者不可谏，来者犹可追。"

"不迁怒，不贰过。"

子曰："伯夷、叔齐不念旧恶，怨是用希。"

第二十八节　别用未来给过去买单

我们会对自己曾经做过的事情而懊悔不已吗？或念念不忘一些已经发生的不如意的事情，总是在说"如果当时……就好了。"又或者埋怨别人"都是因为他的问题，才让我这样的！"

这样的想法只能徒增负向情绪，对解决问题并没有太多益处。

如果已经发生的事情并未让我们满意，我们该如何面对呢？让我们看看《论语》中提到了哪些好的建议。

子曰："成事不说，遂事不谏，既往不咎。"

孔子说："已经做了的事不要再解释了，已经完成了的事不要再挽救了，已经过去了的事不要再追究了。"

我们对已经发生的事情会有不满，这种不满会由以下三种原因产生：别人没有理解我们做事的意图；事情处理得并不完美；因为别人的过错而导致过失。遇到这三类事时，的确心里会不舒服。

辛辛苦苦做的事，别人因没理解而埋怨；自己本可以做得更好，但因出现了瑕疵而懊悔；团队最讲究配合，自己这部分完成得很好，结果因为别人的失误而失败，太气愤了。

遇到这样的事，自己难免想去理论理论。如果真去理论了，就陷入因已经发生了的事所营造的负向情绪中，既对自己有伤害，又对解决问题没益处。

"成事不说，遂事不谏，既往不咎。"教给我们更积极地面对这些让自己不满意的但又已经发生了的事情。面对别人的不理解，不再过多的解释；面对不完美的状况，不再刻意的挽救；面对别人的过失，则给予包容和谅解。

之所以要"成事不说，遂事不谏，既往不咎。"是因为我们的大脑容量有限，如果被懊悔、埋怨装满了，就没有地方去思考接下来应该做什么了。及时的卸去不必要的包袱，腾出空间来想想接下来能做些什么。

"往者不可谏，来者犹可追。"

"过去的已经不能挽留，将来的还有机会追逐。"

这是隐士接舆对孔子说的话，意在提醒孔子现在的执政者不值得他再去开导，应放眼未来。

这句话对现在的我们，同样有借鉴作用。只有把往事放下的人，才有时间和精力去思考未来，通过接下来的行动把握新的机会。过多地沉浸在过去的事中，去解释、去懊悔、去埋怨，会占用我们很多时间和精力，不如及时放下，从过往中走出来，看看有哪些事可以做、更值得做。当我们从过往的事情中转过身来，面向未来时，我们会发现还有很多值得自己去追逐的事情正等待着我们。

正像《阿甘正传》电影中的经典台词："人生就像一盒巧克力，你永远不知道拿到的会是哪一种口味。"面对过去，我们也可以向阿甘学习，如果过去的事带给我们的是一片阴影，那就潇洒的转身，面朝阳光，继续前行。哪怕只能向前跑出一小步，那就先从一小步开始，慢慢地摆脱困境。

在刘轩的《幸福的最小行动》这本书中，讲了很多能够让自己收获得幸福的小行动。当我们从后悔过去、担忧未来的困苦中解放出来，关注当下的微小行动时，我们就能收获幸福。

比如，有些大学生在刚进入大学时，没有马上适应学习的内容，起初成绩并不理想。有些同学会更加发奋努力，调整学习方法，补足短板。也有些同学心理包袱过重，总觉得自己高中成绩挺好，为什么上了大学成绩不能达到预期呢？结果因为一时的不足，就对大学生活缺少了奋斗的动力。

如果一直和自己的过往经历较劲，走不出来，又怎么能面对未来。

白白把时光搭了进去，将来也有可能在遇到困难时，把问题归结到过往的经历里，从而不敢进取。

虽然我们知道不应和往事纠结，但"人非圣贤，孰能无过"，遇到别人做的错事，难道我们就不能有任何愤怒？难道自己做了错事就不用有任何懊悔了吗？

当然不是。愤怒、懊悔都是正常的心理反应，只是我们需要提醒自己不要过度愤怒、过度懊悔。具体有什么建议吗？我们来看《论语》中的论述。

"不迁怒，不贰过。"

"有怒而不迁向别处，有过而不再犯。"这是孔子对其得意门生颜回的赞许。

> 怒于甲者，不迁于乙；过于前者，不复于后。
>
> ——朱熹《四书章句集注》

怒是正常的，但要做到"不迁怒"。犯错也是正常的，如果能做到不重复犯错，就很优秀了。所以，我们不用要求自己遇到别人做错的事一点都不愤怒，对于自己犯的错误无法容忍，能做到"不迁怒，不贰过"，就能做孔子的得意门生了。

能做到"不迁怒，不贰过"，其实也不容易。愤怒的情绪一来，就仿佛身边所有的人都在和自己作对似的，难免会因一件事而造成的愤怒情绪转移到另一件事上，甚至造成连环错。明明不是自己的错误，却因为自己的"迁怒"，而用新的错误来惩罚自己。

"迁怒"还经常会伤害到自己身边的人。越是爱我们、关心我们的人，在我们因某事而愤怒时会来安慰，这时如果"迁怒"了，就伤害了这些爱我们的人。

想做到"不贰过"，就需要我们在做错事后及时反思，不找别人的问题，而是看自己有什么能改进的地方，或者如何能规避犯错。只有做了积极地反思、复盘，才能在再次遇到类似问题时"不贰过"。否则，我们会一次次地掉进同一个坑里。

除了"不迁怒，不贰过"以外，面对愤怒或懊悔，《论语》还给我们讲述了另一个道理。

子曰："伯夷、叔齐不念旧恶，怨是用希。"

孔子说："伯夷、叔齐不记过去的仇怨，他们心中的怨恨也就很少。"

伯夷、叔齐是孔子很赞许的贤人，他俩能做到不去计较过去的仇怨，所以他们心中的怨恨就很少。心中的怨恨少了，自然快乐就多，受益的还是自己。

不要用别人的错误来惩罚自己。将怨恨存在心里，久久不能释怀，就是在用别人的错误来惩罚自己。不计前嫌，给予别人更多的宽容，谅解对方的同时是在让自己摆脱心中的枷锁。当将这些旧恶都从心里去除了，换来的一定是幸福和快乐。

不念旧恶，不仅是面对他人所犯的错时要"不念"，面对自己做得不够好的事时，也应"不念"，过多的懊悔和过多的愤怒一样，都是我们给自己喝下的毒酒。能不能拥有幸福快乐的人生，主动权还是要掌握在自己的手中。

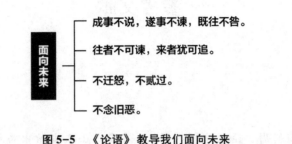

图 5-5 《论语》教导我们面向未来

经过对《论语》中这几段话的学习，我们是否也学会了如何面对过往的种种不如意了呢？

以面向未来为主题作为本书的最后一节，希望我们都能继续共同学习《论语》，继续用中华优秀传统文化滋养自身，活学活用所学知识，为自己的成长排忧解惑，书写更加灿烂的未来。

参考文献

［1］杨朝明．论语诠解［M］．济南：山东友谊出版社，2013.

［2］钱穆．论语新解［M］．北京：九州出版社，2011.

［3］杨伯峻．论语译注［M］．北京：中华书局，2017.

［4］王鹏程．把每一天，当做梦想的练习［M］．长沙：湖南文艺出版社，2014.

［5］［美］查尔斯·杜希格．习惯的力量［M］．吴弈俊，等译．北京：中信出版社，2013.

［6］［美］查理·佩勒林．4D卓越团队：美国宇航局就是这样管理的［M］．李雪柏，译．北京：中华工商联合出版社，2012.

［7］樊登．可复制的领导力［M］．北京：中信出版社，2017.

［8］［美］比尔·博内特，戴夫·伊万斯．斯坦福大学人生设计课［M］．周芳芳，译．北京：中信出版集团，2017.

［9］［印］拉杰·洛格纳汗．幸福的科学：如何获得持久幸福力［M］．蔡山美，译．北京：中信出版社，2018.

［10］古典．你的生命有什么可能［M］．长沙：湖南文艺出版社，

2014.

[11] [瑞] 史蒂夫·诺特伯格. 番茄工作法图解: 简单易行的时间管理方法 [M]. 大胖, 译. 北京: 人民邮电出版社, 2011.

[12] [美] 凯利·麦格尼格尔. 自控力 [M]. 王岑卉, 译. 北京: 印刷工业出版社, 2012.

[13] 刘希平. 天下没有陌生人 [M]. 北京: 北京联合出版公司, 2017.

[14] [美] 詹姆斯·克利尔. 掌控习惯 [M]. 迩东晨, 译. 北京: 北京联合出版公司, 2019.

[15] [美] 卡罗尔·德韦克. 终身成长 [M]. 楚祎楠, 译. 南昌: 江西人民出版社, 2017.

[16] [美] 史蒂芬·柯维. 高效能人士的七个习惯 [M]. 高新勇, 等译. 北京: 中国青年出版社, 2011.